たるみ改善！ 肌弾力を手に入れる本

40代から差がつく！ 美容成分「エラスチン」を守る生活習慣

中澤日香里

Crystal 医科歯科 Clinic International 内科院長
中島由美［監修］

青春出版社

肌が気になる
今日この頃……
たるみくすみ
知らずで
いたいけれど
そのためには
どうすれば?!
未来の私、
大丈夫かしら
未?来
寝る前の
すっぴんタイム、
スマホをつい
見ちゃうけれど
ブルーライトは
よくないって
ホントかな…?
きれいな
夕日!
UV
日焼け止めを塗り忘れる
ときもあるけれど……
クレンジング
&
洗顔
フォーム
メイク落としはちゃんと
W洗顔しているし
血行促進の
ために
シャワーを
あびまくり
化粧水は
とにかく
たっぷりと
気持ち
いい!
うるおい命～!
パ
パ
とろみ
化粧水
毎日、キレイに
なるための努力は
欠かさない♪
ゴ
ゴ

待って！その習慣、あらためないと大変なことになるわ！
エッ誰?!
私はエラスチンというものです
エラスチンがコラーゲンをギュッと束ねることで肌の弾力をキープできるんです
コラーゲン
でも大丈夫！ちょっと変えるだけで肌弾力はとりもどせます！
コラーゲン
ヒアルロン酸
ピョーン
教えて！エラスチンさま～
肌弾力UP! カンタンよ!!

エラスチンを守る美容習慣で 肌弾力を取り戻した例

マスクたるみがスッキリ！ ほうれい線・マリオネットラインが消えた！

（37歳女性　Yさん）

Before

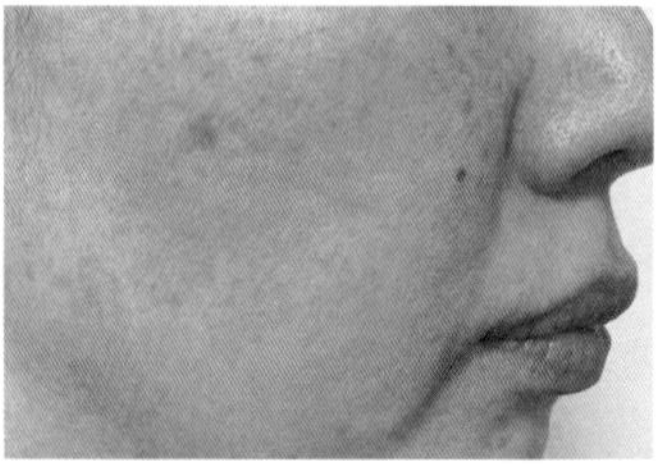

感染症対策でマスク生活をしていた頃、マスクを外したときに自分の頬に現れたブルドッグのようなたるみにびっくり！　マスクをとるたびに気になって美顔器も試しましたが、一時的にはよくても翌日にはすぐ戻ってしまっていました。

1か月後

After

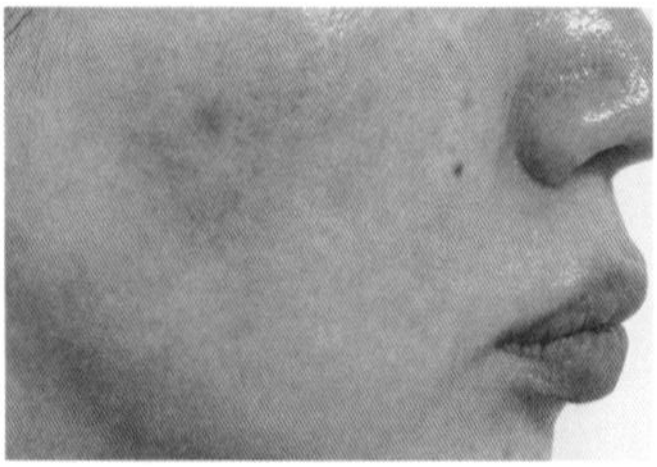

スキンケアにエラスチン配合のものを追加したところ、ほうれい線・マリオネットラインが薄くなったのを実感しました。続けるうちにシミも薄くなり、涙型になってしまっていた毛穴も小さく目立たなくなって……。「何をしたの？」と何人もの人から言われました。

乾燥肌で悩んでいたのがウソみたい！
化粧ノリがよくなり素肌が白くなった！

（42歳女性　Uさん）

Before

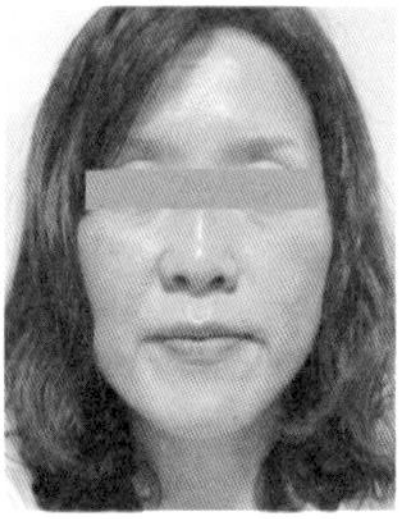

年齢とともに、肌のハリがなくなって毛穴も広がっていくし、ほうれい線や化粧のノリが悪いのが気になってきました。肌を温めてみたりマッサージしてみたりと自分なりにやってはいたのですが、なかなか思うようには改善しませんでした。

↓ 1年後

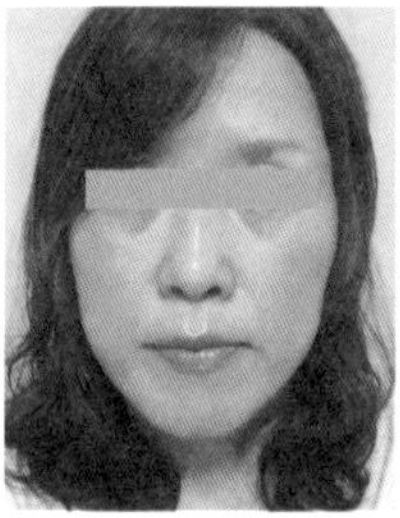

スキンケアを変えて、水を1日1.5ℓ飲むようにし、野菜中心のメニューを心がけました。エラスチンを壊さないスキンケアや、ストレッチなど家でできる運動も毎日欠かさず行うように。自分でも肌のハリが違うのがわかります。

↓ 2年後

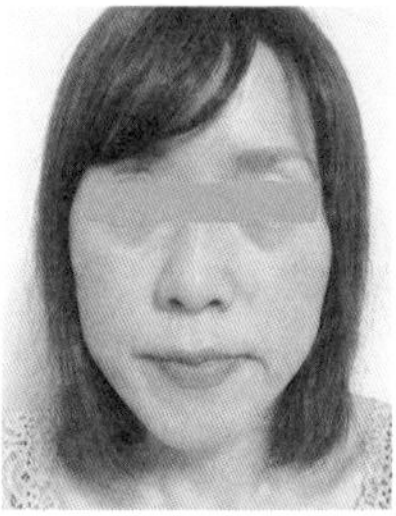

「肌が白くなくなったね」「会うたびにキレイになっていくね」と周囲から驚かれます。昔の写真（Before）を見た人には「だんだん若返っている～今のほうが若い」なんて言われます(笑)。乾燥肌に悩んでいたのがウソみたいです。

※年齢は実践した（Before撮影）当時のものです。たるみ改善を目的とするサプリメント等は服用せず、本書で紹介する生活習慣とスキンケアのみを実践していただいた結果を掲載したものです。

○プロローグ○

40代からのキレイに差がつく「間違いだらけの美容習慣」

――肌の老化研究でたどり着いたアンチエイジングのカギ「エラスチン」とは

本書は40代以降の美しさや若さに差がつく美容習慣を紹介した本です。

まず、以下の項目について、当てはまるものをチェックしてみてください。

□コラーゲンやヒアルロン酸配合の化粧品を使っている
□寝る前、すっぴんでスマホやタブレットを見ている
□日焼け止めは顔しか塗っていない
□夕方の外出には、紫外線対策はしない
□コーヒーが好きで、1日3杯以上飲んでいる
□洗顔はダブル洗顔
□しっかり保湿できるように、とろみのある化粧水を使っている

□肌はタンパク質でできているので、お肉をよく食べている
□化粧水を浸透させるため、肌を叩くようにパッティングしている
□顔に直接シャワーを当てている

いかがでしょうか。いくつチェックがつきましたか。

実はこの10項目、すべて肌の美容成分「エラスチン」にとって、間違っているか、もしくは意味のない習慣なのです。

＋三大美容成分のひとつ「エラスチン」とは

では、ここで本書の主人公、エラスチンについて紹介しましょう。

「エラスチン」

美容に関心がある方なら、名前は聞いたことがあるでしょう。

でも、お肌のハリと弾力といえば、なんといってもコラーゲンやヒアルロン酸のほ

うが圧倒的によく知られています。

「エラスチン」は「コラーゲン」「ヒアルロン酸」と並んで、美容業界の人なら誰でも知っている肌を美しく保つ三大美容成分のひとつ。「コラーゲン」「ヒアルロン酸」に比べれば**認知度は低いですが、実は40代以降、アンチエイジングのカギを握る重要な成分なのです。**

エラスチンは、体内でコラーゲンに次いで2番目に多いタンパク質です。コラーゲンの陰に隠れた目立たない存在のエラスチンですが、実は**エラスチンがなければコラーゲンは働くことができません。**

エラスチンは、肌の土台である真皮層《しんぴ》で、コラーゲン同士をしっかりつなぎとめる役割をしています。エラスチンによってコラーゲンが束ねられることで、コラーゲンはしっかりと立ち上がることができ、肌のハリや弾力が生み出されるのです。

エラスチンは肌だけでなく、バストや子宮、血管など、柔軟性や伸縮性が求められるところに多く含まれている、女性の美と健康には欠かせない成分です。

そんな素晴らしいエラスチンがなぜ、コラーゲンやヒアルロン酸の陰に隠れた目立たない存在のままでいるのでしょう。

それには、エラスチンの抽出がとても難しいから、という理由があります。そのため、エラスチンが配合された化粧品をはじめとした商品がなかなか世に出てこられませんでした。商品として出てこなければ、当然みなさんが目にする機会もないので、コラーゲンやヒアルロン酸のように知られることが少なかったというわけです。

私が「エラスチン推し」になった理由

私は10年前にエラスチンと出会い、その素晴らしさに、まるで恋をするようにハマっていき、エラスチンの会社まで立ち上げてしまいました。

こうお話しすると、まるで美意識の高いやり手の女性起業家のように思われるかもしれませんが、もともと美容への関心は人並み以下でした（笑）。スキンケア商品は、よく知られている通販のものを使用している程度。家計を支えるために、たまたまパートとして入った会社で「エラスチン」に出会ったのです。

私は赤ちゃんの頃、左足に大きなやけどをしており、足の指がありません。子どもの頃はそんな足を見られたくなくて、裸足《はだし》になることや、スカートをはくのが本当に嫌でした。

この「人に見られたくない」という気持ちが、いつしか「注目を浴びるのは嫌だ」という感情につながり、幼少期から学生時代を通し、なるべく注目されないような行動、立ち居振る舞いをしてきました。

スカートをはいて全国を飛び回り、大勢の人の前で話している今の私の姿からは想像がつかないかもしれませんが、外見の変化が内面にこんなにも影響を与えるのだと身をもって体験してきたことが、今の活動の原点にあります。

そんな私がエラスチンと出会ったのは、運命なのかもしれません。

「エラスチンのよさをもっとたくさんの人に知ってもらいたい。もっと女性を美しく、健康にしたい」。そう思うようになりました。一度のめり込むと、とことん突き詰めたくなる性格のせいか、肌の老化研究からあらゆる論文を読み、エラスチンが美容だけでなく健康寿命の延伸にもつながることがわかりました。

そして、エラスチンにほれ込むあまり、ついには高純度エラスチンを使用した化粧品や健康食品（サプリメント）まで開発してしまったのです。

キレイは「エラスチンを守る習慣」でつくれます

お伝えしたように、私はエラスチンを用いたブランドを立ち上げ、化粧品や健康食品を販売しています。

「エラスチンが素晴らしいのはわかったけど、結局、エラスチンの化粧品を使い、エラスチンが配合されたサプリメントをとらないといけないんでしょ？」

そう思われるかもしれません。もちろん積極的にエラスチンをとり入れることで、より大きな効果があるのは間違いありません。エラスチンをとり入れ、一人でも多くの人にその素晴らしさを知っていただきたいと願っているのも、嘘偽りのない気持ちです。

でも、私のいちばんの望みは、女性が美しく、健康であり続けること（もちろん男性にもそうあってほしいと思っています）。

エラスチンの研究を進める中で、必然的に本当に肌にいいこと、本当に美容と健康に役立つことは何か、たくさん勉強してきました。分厚い資料を入れたバッグを抱えて出かけ、帰宅しては勉強。子どもには「お母さん、受験生みたい」と言われるくらい。その中で多くの〝キレイのために必要なこと〟を知りました。そして、それらはすべてエラスチンを守るために必要な情報でした。本書は、この10年間で私が学び、身につけた知識や情報を惜しみなくお伝えする場所でもあると思っています。

本書で提案する**エラスチンを守る生活習慣を行うだけでも、美肌に導くだけでなく、バストアップ、更年期症状・冷え・むくみなどの女性特有の悩みを解消することができ、結果として老化のスピードを遅らせることができます。**

いかにエラスチンを失わず、エラスチンを壊さないで過ごせるか。それを意識するだけでも、十分に美しさをキープすることができるのです。

年齢を重ねるのは素晴らしいことだけれど、できれば素敵に重ねたい。そして〝アンチエイジング〟という言葉どおり、老化には、とことん抵抗したいですよね（笑）。

さあ、一緒にエラスチン美容習慣を始め、本当の美しさと健康を手に入れましょう！

中澤日香里

○監修医からの推薦メッセージ○

私は30代の頃から冷え性、生理痛、肌の乾燥に悩んできました。

冷え性や生理痛に関しては、体質を改善したくて自分で勉強しながら西洋医学、東洋医学を自分の体で試し、様々な民間療法まで手を伸ばしてきました。

私はこの頃内科専門の医師でしたので、体のことは自分で何とかしようと思っていました。しかし、肌のことはよくわかりません。

一年中、Tゾーンが脂っぽく、頬は乾燥していわゆる混合肌の状態で、毎月顔のどこかにニキビが1〜2個できては潰《つぶ》れ、を繰り返していました。

仕事もとても忙しく、救急の当直も週1回、10年以上続けていたことも原因かもしれません。疲労とストレスで食事も適当に済ませ、甘いものばかり食べていました。

スキンケア、なんて呼べるほどのことは何もしてきませんでした。

40歳になって皮膚も診《み》られるようになりたいと思い、内科をいったん休業して皮膚科で修業し、その後、美容皮膚科クリニックの院長を経験してきました。多くの方の皮膚を診察し、自分自身にもいろいろなスキンケアをようやく試しはじめたのはこの頃です。

その後、栄養学でサプリメントの勉強も始め、体の内側からもケアすることが真の健康と美容が得られるのだと自分なりの目指すべきゴールが見えてきました。

そこで出会ったのがエラスチンです。

エラスチンは皮膚や血管、子宮を構成する大事な成分ですが、エラスチンの生成は26歳をピークに減少の一途をたどり、40歳以降はほとんどつくられなくなる成分といわれています。

コラーゲンは有名ですが、コラーゲンを要所要所で束ねているものがエラスチンです。

実際、エラスチンをとると、顔だけでなく体にもツヤとハリが出てきました。血管の弾力がアップし、血流もよくなったせいか顔色もよく、体が温かいのです。とても心地いい状態となり、我が身をもってエラスチンの効果を体感することができました。

エラスチンはインナービューティを支える成分として、これから年齢を重ねていく私たちには欠かせないものになると思います。
健康と美容を得て、維持していく生活をこれからも続けていきたいですね。

Crysral 医科歯科 Clinic International 内科院長　中島由美

たるみ改善！「肌弾力」を手に入れる本　目次

Part ① 抗老化成分エラスチンがつくる「肌弾力」の秘密

Part ② 今日からできる！エラスチンを守る習慣

食事編

Part ③ エラスチン世代が「やってはいけないスキンケア」

Part ④ エラスチンとの出会いで人生が変わった人たち

本文イラスト――富永三紗子
本文デザイン――岡崎理恵
薬機法協力――佐藤仁美
編集協力――樋口由夏
企画協力――DreamMaker

※本書は2024年4月現在の薬機法に則り構成されたものです。
また、本書の内容は著者の経験に基づいたもので、エラスチンに期待される効果・効能の一例になります。

Part

①

抗老化成分エラスチンがつくる「肌弾力」の秘密

老化のはじまりは「エラスチンを失うこと」だった!?

美肌の必要条件である三大美容成分のひとつ「エラスチン」は、肌のハリや弾力にはなくてはならないもの。

コラーゲンやヒアルロン酸を一生懸命に補っている女性は多いのに、エラスチンはスルーされがちな現実に、もう黙っていることができず、こうしてエラスチンの重要性をお伝えしています。

なぜ、そんなに重要なのか。29ページのグラフを見てください。

コラーゲンやヒアルロン酸は、40代くらいまではそれほど大きな減少はなく、加齢とともにゆるやかに減っていきます。ところが、エラスチンだけは違います。

26歳をピークに急激に減少し、30代で約半分、40代で産生量がほぼゼロになってしまうのです。この減り方は、まるでジェットコースターのようです。

なぜ、急激に減ってしまうのか。その理由はまだ明らかにはなっていませんが、女性ホルモンと関係があるのではないかといわれています。

エラスチンの産生量がピークを迎える24～30歳頃は、女性の体からすれば出産適齢期。あとでお伝えしますが、エラスチンは子宮にも多く含まれているため、出産適齢期を過ぎると減っていくのではないかと考えられています。

実際、エラスチンは女性ホルモンよりも早くなくなっていくのです。

しかも、エラスチンは食べものから補うことが難しいことから、これまで「一度失うと二度と補えない」といわれてきました。

ここであらためて、エラスチン、コラーゲン、ヒアルロン酸の三大美容成分の関係性についてご紹介しましょう。

肌を美しく保つこの3つの成分は、どれひとつ欠けても、美肌でいることが難しくなります。

エラスチンとコラーゲンを生み出すお母さん細胞といえるのが、線維芽《せんいが》細胞です。

線維芽細胞は、年齢を重ねるとともに、その生産能力が低下します。

肌の真皮の7割を占めるのがコラーゲン。コラーゲンが少ないと、ハリを保つことができません。

そして、本書の主人公、エラスチンは、真皮の中でコラーゲン同士を束ねる役目があります。ヒアルロン酸は、肌の水分量を保つ役目があり、細胞と細胞の間に多く存在しています。

ベッドにたとえると、コラーゲンがベッドのスプリングだとすれば、エラスチンはしっかりとスプリングをつなぎとめるネジ、ヒアルロン酸はベッドのマットレスのようなイメージです。

エラスチンというスプリングをしっかり留めるネジがなければ、コラーゲンは立つことができず、ベッドはぺちゃんこに潰れてしまいます。

悲しいけれど、エラスチンがなければせんべい布団ように潰れてしまうのが40代以降なのです。

ぺちゃんこのベッドに、どれだけハリを持たせようとしても、土台がしっかりして

肌の構造はこうなっています！

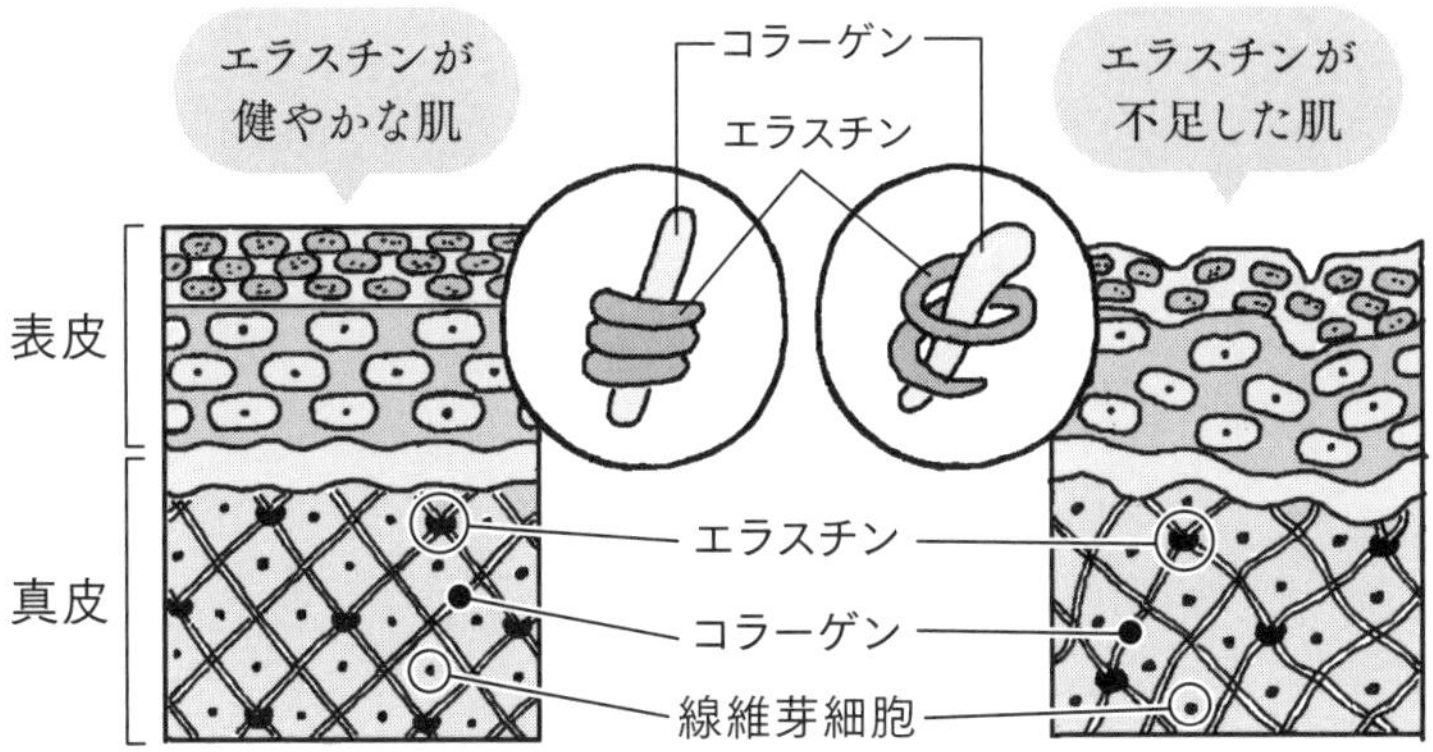

美肌3大成分の加齢変化

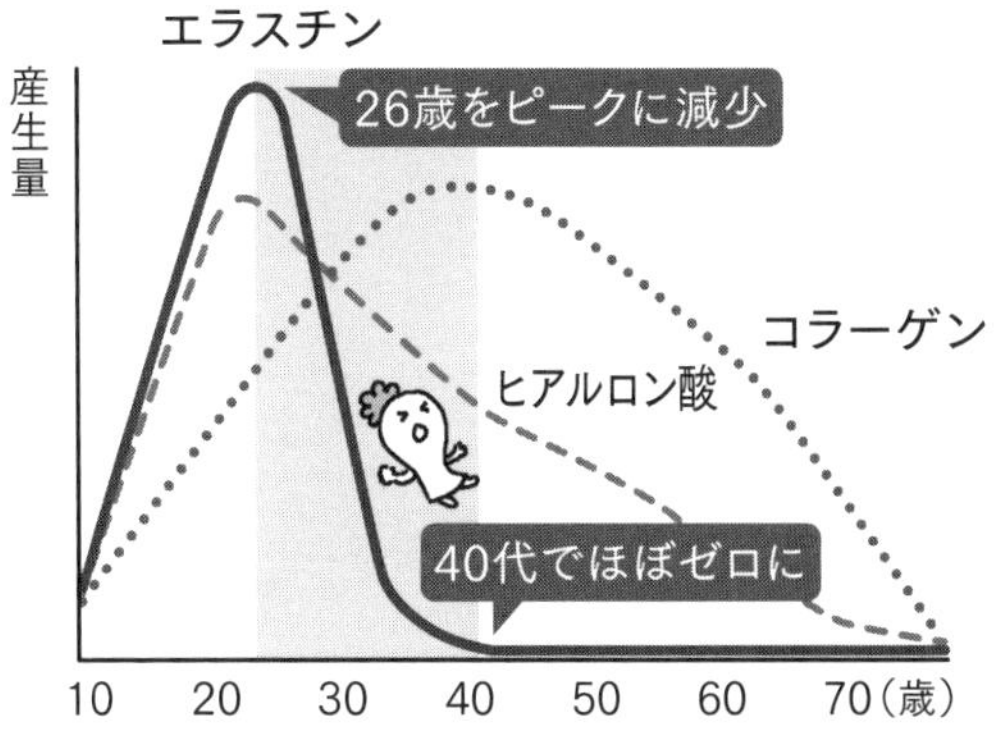

いなければ難しいでしょう。

考えてみてください。エラスチンのない肌に、いくらコラーゲンやヒアルロン酸を足しても、ほとんど意味がありません。

カラカラに土が乾いた植木鉢の植物に水を与えても意味がないのと同じです。エラスチンという土にコラーゲンやヒアルロン酸という栄養分をしっかり浸透させるには、いい土をつくっておかなければいけません。

さらに残念な話をすると、コラーゲンは非常に分子が大きいため、外から与えても、とうてい皮膚に浸透するものではありません……。もちろん、保湿をすることは大切ですが、栄養分を補うと考えた場合、コラーゲンが入った化粧品が根本解決になるかというと、そういうわけではないのです。

エラスチンがコラーゲンをぎゅっと束ねているから、真皮でコラーゲンが自立して、肌のハリと弾力を保てるのです。

エラスチンがなくなれば、当然コラーゲンは真皮で崩れてしまいます。

つまり、**エラスチンが少なければコラーゲンが崩れ、シワやたるみにつながってしまうのです。**

コラーゲンだけではダメな理由、おわかりいただけたでしょうか。

あるテレビ番組で、衝撃的な映像が流れました。ベトナム人の26歳の女性の話です。26歳の彼女は、20代らしい、若々しいハリのある笑顔で笑っていました。ところが、その後、皮膚弛緩《しかん》症という病気を発症してしまいます。

皮膚弛緩症とは、異常増殖した肥満細胞が体中のエラスチンを破壊してしまう病気。そう、体中からエラスチンがなくなってしまったのです。わずか2年後の彼女の写真を見ると、まるで老女のような姿になっていました。

このように、**エラスチンを失うことで、こんなにも加速してしまうのが老化です。**

だから、エラスチンを失わないようにする美容習慣が大切になってくるのです。

エラスチンがもつすごいチカラ

エラスチンは肌だけでなく、バストや子宮、血管など、柔軟性や伸縮性が求められるところに多く含まれています。エラスチンの効果は、いろいろな試験でも明らかにされていますので、どんな効果があるのか紹介しましょう。

①肌のハリやキメが整う

エラスチンの美容機能にはどんなものがあるのでしょうか。

もっとも注目されているのが、肌のハリやキメが整うことです。エラスチンを塗布することでどんな効果があるのか、エラスチンの機能性を試験した結果があります。

エラスチンは体内で「弾力」を与える働きをしています

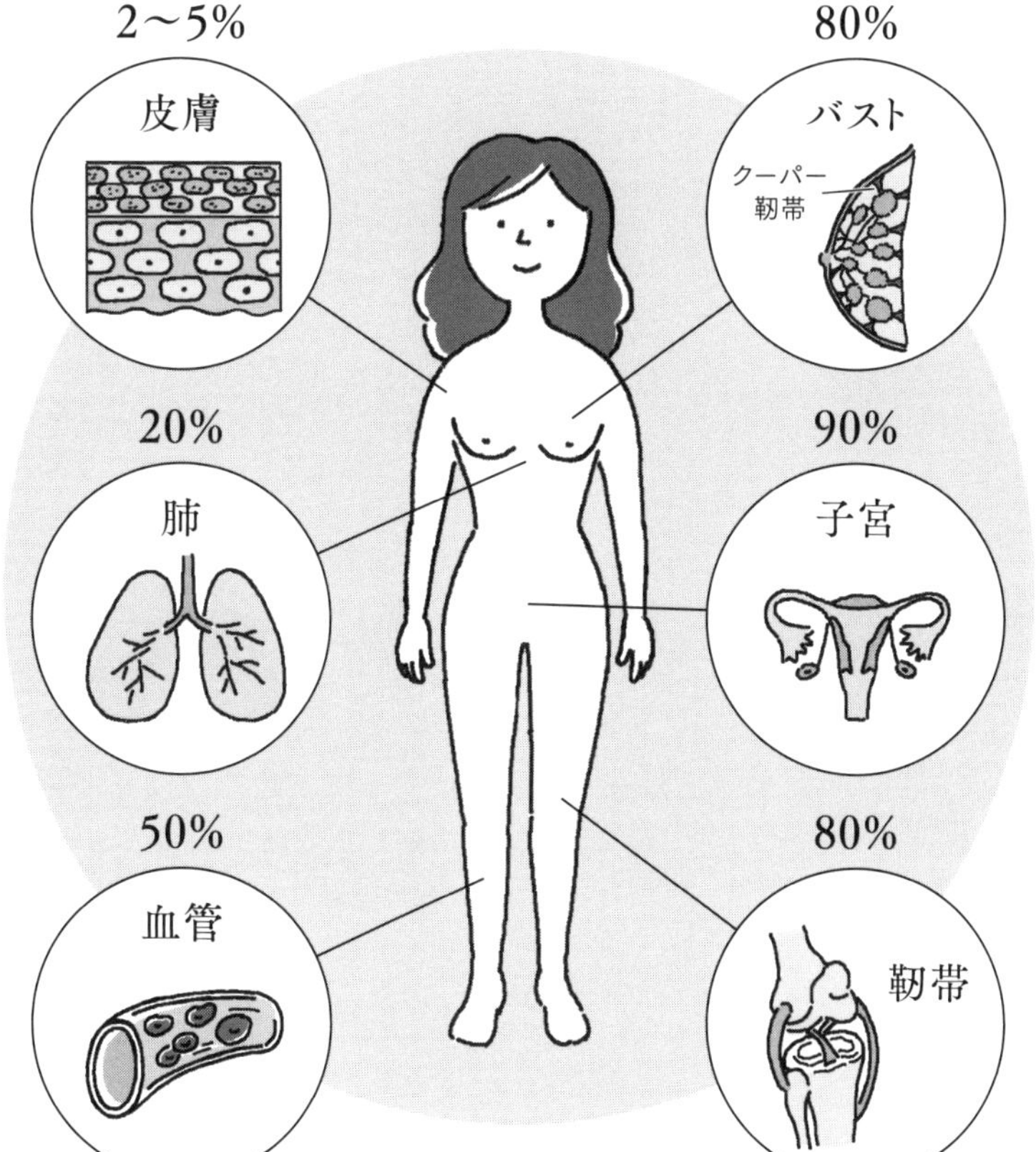

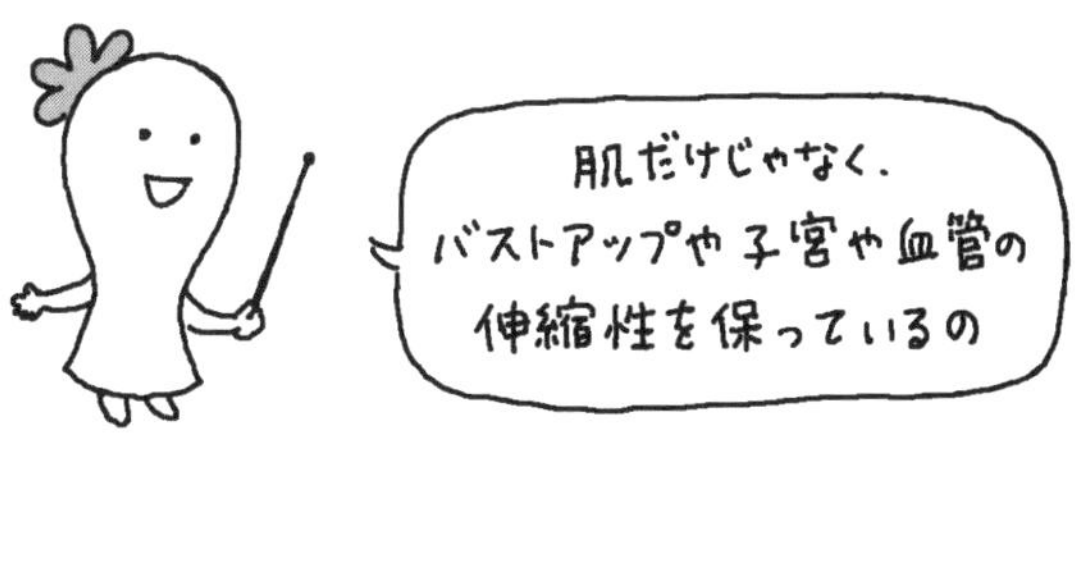

エラスチンを皮膚に塗布すると、真皮にある線維芽細胞が活性化し、エラスチンを増殖させる作用があります。

エラスチンが増えれば、肌のハリや弾力性がアップし、キメの整った肌につながります。結果として、**顔のたるみ予防になり、顔が引き締まって小顔効果**も期待できるのです。

ちなみに、**エラスチンが不足すると、顔だけでなく体もたるみます。**

年齢とともにお腹も背中も、二の腕もたるんでくるものですが、エラスチンによって、もたっとしていた体型が引き締まり、体重に変化がないのに「やせた?」と聞かれたという方もたくさんいらっしゃいます。

②美白・保湿

エラスチンには、「美白と保湿」という女性にとってはうれしい美容機能が確認できています。

ヒト三次元培養皮膚（人工の皮膚）を使用した試験で、エラスチンをとると皮膚の中の水分の減少を防ぐことがわかりました。エラスチンには優れた保湿性があるのです。

エラスチンはシミにも関係しています。チロシナーゼと呼ばれるメラニン細胞を活性化させる酵素を阻害する作用があります。結果、**メラニンの生成を抑えることができ、美白につながる効果**が期待できると考えられています。

後ほど詳しくふれますが、**エラスチンは血管にも含まれていて、血管をしなやかに保つ働きをしています。**

血管は収縮することで、全身に血液が運ばれます。少し難しい話になりますが、エラスチンが血管に少なくなると、血管を収縮させるためにエンドセリン1というホルモンが分泌されます。

このホルモンの厄介《やっかい》なところは、同時に肌のメラニン色素を刺激してしまい、メラニンの合成が過剰に高まり、シミを増やしてしまうこと。エンドセリン1が強く作用すれば、それだけシミが増えてしまいます。

そこで注目されるのがエラスチンです。エラスチンによって血管の弾力性が保たれれば、シミの予防につながるというわけです。

たしかに、シミは紫外線などの光老化による影響が大きいのですが、日焼け止めを塗っていてもシミができてしまうのは、加齢の影響があるため。年をとるだけで、シミはできていきます。

エラスチンによって血管を若々しく保つことで、シミをできにくくする作用があるのです。

③バストアップ

バストは乳腺1割、脂肪9割で構成され、クーパー靭帯《じんたい》と呼ばれる組織がバスト全体を内側から支えています。

クーパー靭帯のおかげでバストは丸みを保ち、脇や背中に脂肪が流れることがない

バストの弾力が低下する理由

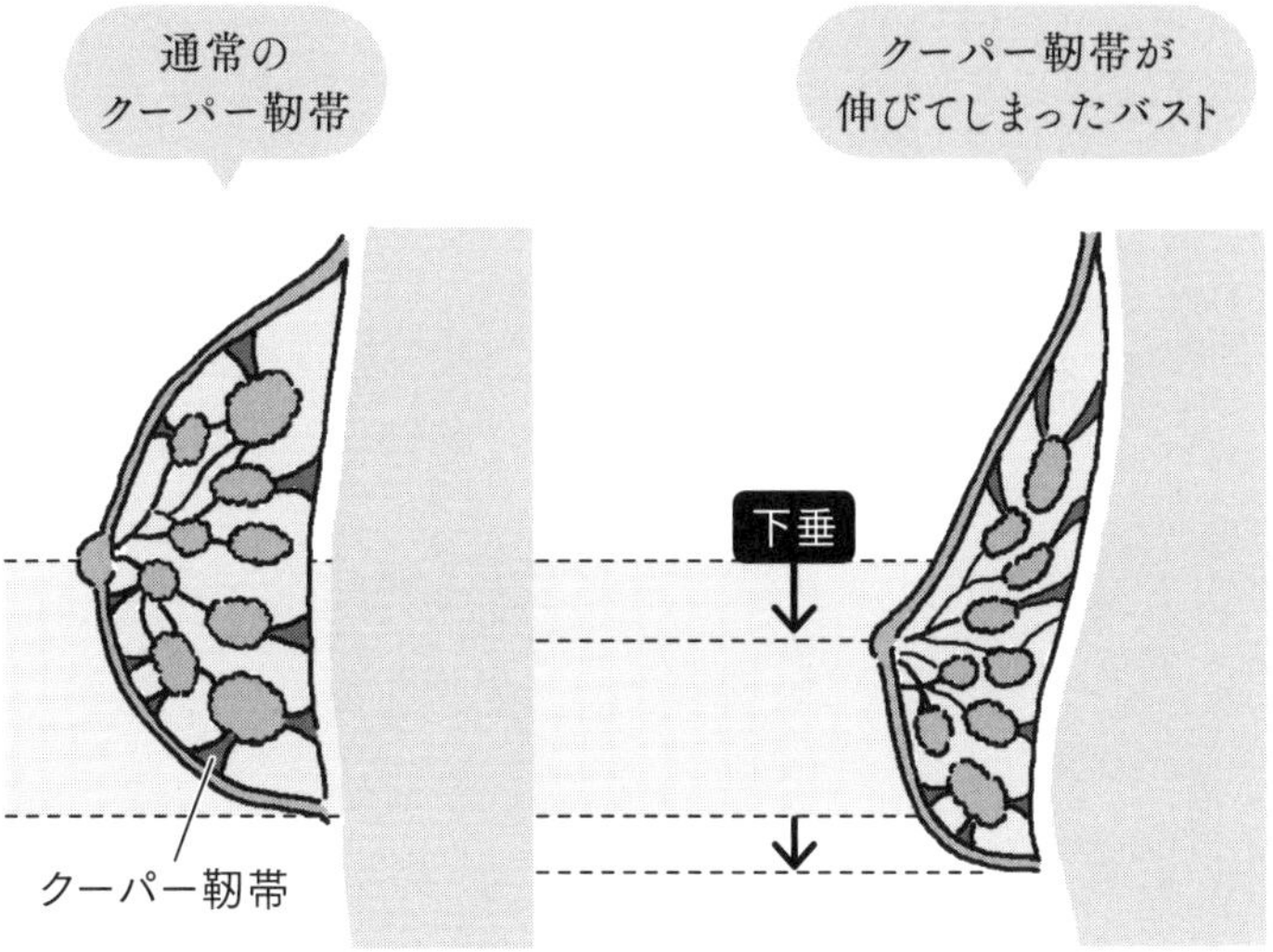
通常の
クーパー靭帯
クーパー靭帯が
伸びてしまったバスト
下垂
クーパー靭帯

ぷるぷる
バストを支える
ゴム(クーパー靭帯)の
弾力はエラスチンが
つくっているんだ
エラスチンが
弱ると……
持ち上げ
られない…

ようにしているのです。

この**バストを支えるクーパー靭帯の80%はエラスチンで構成されています。**これは美容のプロでも知っている人は少ないかもしれません。

クーパー靭帯は、加齢や授乳によって伸びてしまい、バストの下垂や形の崩れやサイズのダウンにつながります。

エラスチンが減少することによって、バストを支えていたゴムが伸びきって、バストの下垂や削《そ》げにつながっているのです。

「バストトップの位置が下がってきた」

「デコルテが削げて、あばらが浮き出てきた」

「乳房が脇に流れてハの字型に。乳首が外側に向いてしまった」

これらはすべてエラスチンの減少によって起きていたのです。

エラスチンをキープできれば、バストが急激に大きくなることはないものの、デコルテの下はふっくらします。

実は、バストが変わると顔も変わるって知っていましたか？

バストは意外と重みがあり、Cカップで500ミリリットルペットボトル1本分の重みがあるといわれています。

バストと首、顔はつながっています。だからバストが下がると、顔のたるみにつながり、フェイスラインも崩れます（そういう意味で、本当はブラジャーなどの下着も大事です）。

「バストケアを始めてから、顔が小さくなった、引き締まった」という声もよくいただいています。

④子宮機能へのアプローチ

なんと、**子宮の約90%がエラスチンで構成されています。**

子宮は生理のたびに収縮を繰り返し、妊娠すれば胎児の成長とともに大きくなり、出産時には最大限に収縮します。臓器の中でもっとも大きく収縮する子宮には、潤沢なエラスチンが必要とされているのです。

出産によって子宮のエラスチンが少なからず影響を受けると考えると、男性よりも女性のほうが、よりエラスチン減少の影響を受けやすいといえます。

エビデンスはありませんが、私がたくさんの女性を見てきた経験値では、出産回数の多い女性は、子宮にダメージを受けるからか、女性ホルモンが関係する肌の老化が少し早い傾向があります。

エラスチンを減らさない〝エラスチン習慣〟ができている女性は、更年期特有の症状がやわらぐという事実があり、実際、更年期症状に悩まされる方も少ない印象です。

このことからも、エラスチンが子宮機能の改善に関わっていると考えられるのです。

⑤血流改善

動脈の50%はエラスチンで構成されています。

しなやかな血管をつくっているのは、エラスチンの役割です。血管がしなやかであ

血管とエラスチン
エラスチンが多く含まれる
内膜
中膜
外膜
動脈の約50％を占めるエラスチンが血管をしなやかにして血流をよくするカギだよ

ることで、血流をコントロールして、全身に栄養分やホルモンを届けています。

一般的に「エラスチン＝美容」というイメージがあると思いますが、エラスチンの機能が最初に注目されたのは、医療の分野からでした。

加齢によりエラスチンの機能が低下すると大動脈の伸縮が弱くなり、心臓からの圧力が中小の動脈に伝わってしまうことで、高血圧のリスクが高まります。

ところがエラスチンをとると、血圧を上げるアンジオテンシン変換酵素を抑える効果があることがわかってきました。

エラスチンそのものはタンパク質ですが、もともと調剤薬局で、いわゆる高血圧の改善をサポートをするものとして、エラスチンのサプリメントは販売されていました。高血圧の患者さんが、高血圧の薬とともにこのサプリメントをとっていたのです。

血管をしなやかにするわけですから、エラスチンがたっぷりあれば、動脈硬化を予防する効果もあります。

エラスチンと血管の関係が明らかになると、やがて「これは美肌にもつながるのではないか」と美容へのメリットが注目され始めたというわけです。

老化は血管から始まるともいわれています。

ここでも〝エラスチンがあれば、老化を遅らせる〟ということがイメージできるでしょう。

体の中で足りないところから届く

もうひとつ、エラスチンの興味深い研究報告があります。

それが、「エラスチンは、体の中で足りないところから届き、修復する」というもの。マウスの実験なのですが、人工的に背中を日焼けさせたマウスに印をつけたエラスチンを投与したところ、日焼けをしてダメージを受けたところに、とくに多くのエラスチンが存在していることが確認できました。この実験によって、エラスチンが非常に小さなレベルにまで分解され、とくにダメージを受けた箇所に吸収されて肌を形成したことが立証されました。

しかも、驚くのはそのスピードです。マウスでは約10分後、人の場合でも60分後には届いています（サプリメントを服用した場合）。

もちろん、そこから修復されて作用を実感するまでには、ある程度の時間は必要になりますが、必要な箇所に届くのは、とても早いのです。

エラスチンは「増やす」より「減らさない」ことが大事

さまざまなチカラを持つエラスチンですが、**三大美容成分のうち、唯一エラスチンだけは食事で増やすことができません。**

もちろん、エラスチンを含む食べものはたくさんあります。たとえば、牛すじやホルモン、煮魚など。これらのエラスチンが多く含まれるものを食べることはできますが、エラスチン自体が増えるわけでありません。タンパク質として体内に入ったら、分解されるだけだからです。

そのため、エラスチンは基本的に一度失ってしまったら、二度とつくることができないといわれています。

エラスチン美容でいちばん大切なことは、「エラスチンを減らさないこと」。

先ほど40代でほぼゼロになるとお伝えしたのは、エラスチンの産生量のことです。今ある大切なエラスチンを減らさないためにも踏ん張る必要があるのです。

ほうっておけば、エラスチンは減っていく一方。だからこそ、エラスチンの減少を加速してしまうものを避けて守ることがとても重要です。

エラスチンを効率よく補うためにはサプリメント、ということになりますが、エラスチンは抽出が難しく、抽出する際に残留物が多くなってしまうため、市販されているサプリメントの多くは、ほとんどが純度が低いものになってしまいます。高純度のエラスチンを抽出しようとすると、豚1頭から4グラムしかとれないほどです。

けれども、キレイを目指す女性にとってエラスチンがなくなったら一大事！　そこで、次の章では、お金をかけなくてもエラスチンを減らさず、美しさと若々しさをキープするためにできる習慣を、具体的に紹介していきます。

Part ② 今日からできる！エラスチンを守る習慣

習慣① 水を飲む量を増やす——飲むのも保湿！

美肌を手に入れたいみなさんにぜひお伝えしたいことがあります。どうか体に水を入れてください。飲むことは、体の中からできる有効な保湿になります。

エラスチンと皮膚の関係を考えたときに、私がいちばんにみなさんお伝えしたいのが、水を飲むことなのです。

美容に関心が高い人なら、水を飲むのが大切なことはすでに知っていることでしょう。でも、その理由や飲む量について、あまり正確に伝わっていない気がしています。

そして、知ってはいても、本当に実践している人が少ないと感じています。

なぜなら、本当に実践していれば、それだけで肌がきれいな人はもっと多いはずだから。それくらい水分は大切なんです。

肌の保湿というと、外から化粧水やクリームなどで補うイメージがありますが、体の内側が水分不足では、どんなに上から補ったところで、ほとんど意味がなくなってしまいます。

肌をきれいにするいちばんの要素は、みずみずしさです。みずみずしさとは、肌細胞が含む〝水分〟のこと。この〝水分〟こそ、私たちが毎日とっている水分です。なんといっても人間の体は、約60％が水でできています。水分不足が続くと、当然、肌は乾燥し、潤いをなくします。

多くの女性が今、水分不足でしょう。水分不足の人は、触るだけでわかります。体がカチカチだったり、逆に水分が足りないことで、体が水をため込もうとしてむくんでいる人も。

「水分を多くとるようにしています」という女性はたしかにいます。でも、よくよく聞いてみると、飲んでいるものが「水」ではなかったり、「水」を飲んでいても量が少なかったり。

まず水分といっても、コーヒーやお茶ではダメ。あとでお伝えしますが、カフェインが含まれているものは逆効果です。もちろん、コーヒーやお茶が好きな方は適量飲んでもかまいませんが、それとは別に水もしっかり飲みましょう。

次に、飲む量です。これまで出会った多くの女性に聞くと、純粋に「水」として飲んでいる量は、1日500ミリリットル程度の人がほとんどでした。「水をよく飲んでいます」という人に聞いても、せいぜい1リットル。1リットルでは、ちょっと足りません。

飲むのは普通の水でかまいませんが、少なくとも1日に1・5リットルは飲みましょう。

「1・5リットル」は、私がこれまで見てきた女性の肌と水分摂取量によって導き出した経験値です。本当は2リットルまで飲んでほしいところですが、2リットル飲むのはなかなか難しい人が多いので、本書では1・5リットルをおすすめします。

１日１・5リットルは、よほど意識している人でないととれない量。

水分不足は肌だけでなく、血液ドロドロにもつながり、老化が加速してしまいます。 栄養分やホルモンなど肌に必要なものは、血流に乗って届きます。当然、肌細胞を修復させるためにも、血流が滞っていたら届きにくくなります。

でも、このようにお伝えしても、なかなか水を飲めない人もいます。味がついた飲み物や、コーヒーなど水以外のものを飲む習慣がついている人にとっては、〝ただの水〟をたくさん飲むことは、つらいものです。

そのような人には、30分に1回、ひと口ずつでもいいので水を飲んでください、とお伝えしています。こうして喉が渇かなくても**とりあえず機械的に30分に1回飲むこと**で、水を飲む習慣をつけてもらうのです。

水を飲む習慣がない人は、つい飲むのを忘れてしまいがちです。**30分に1回、スマホのアラームをセットして忘れないように**していた方もいます。

慣れると意外と１・5リットルを飲むことは難しくありません。

まずは朝起きたら、1杯の白湯《さゆ》を。そして30分に1回でいいので、少しずつこまめに水を飲みましょう。白湯か常温で飲むのがおすすめですが、飲みやすいのであれば多少冷たくてもかまいません。

実践例 肌がよみがえってむくみが消えた

水を飲んで肌がよみがえった例を紹介しましょう。

Aさんは20代後半の女性。看護師として忙しく働いています。生活は不規則、ストレスも多かったので、甘いもののとりすぎはダメだとわかっていても、いちばんの好物は菓子パン。イライラがおさまるからと、水分としてとるのはすべて甘い清涼飲料水。とくにミルクティーが大好きでした。

Aさんはとにかく水を飲んでいませんでした。水が大嫌いで、頑張っても1日500ミリリットル程度がやっと。そのため、体はガチガチに硬いのに、むくんでパンパン。体にふれるとくすぐったがるのです。

なぜ、くすぐったがるかというと、水分不足で体が突っ張っていて、肌が敏感になるからです。体は足りない水分を外に出すまいと、水分を体に抱え込んでいる状態。だから表面が硬く突っ張り、中身はむくんでいるというわけです。そんな状態では、マッサージで水分を流すことすら難しくなります。

Aさんの体重そのものは標準体重の範囲内。決して太っているわけではありません。でも、後ろ姿を見ると、ブラジャーの上に脂肪がのって食い込んでしまっているように見え、太ももにはセルライトが見られ、ボコボコしていました。そうすると、20代後半とまだ若いにもかかわらず、体だけを見ると実年齢よりも年上に見えました。

そこで、先に説明したように、30分に1回アラームを鳴らし、水を少しずつ飲むようにしてもらいました。「全然飲みたくなくても飲む」練習からスタートしたのです。最初はとてもではありませんが、1日1・5リットルなど飲めません。でも、少しずつ量を増やしていき、1日2リットルまで飲めるようになりました。

同時に食生活も見直し、野菜やタンパク質をメインにするようになりました。食生活まで頑張ると大変なので、甘いものを控えめにして、鍋で野菜とタンパク質をとるようにしたそうです。すると、どうでしょう！　7カ月後には、なんと9キロのダイエットに成功したのです。

ここで、誤解しないでくださいね。この本は、決してダイエット本ではありません(笑)。でも、水を意識して飲んだだけで本当にやせてしまったのです。もっといえば、エラスチンをとったり、塗ったりしたわけでもなく、本当に水だけ。不思議ですよね。周りの人からは、「何やったん？」「健康的なやせ方だね」「デコルテと後ろ姿がきれい」と言われたそうです。肌もとてもきれいになりました。

Aさんご自身が一番うれしかったこととして語ってくれたのは、自信がもてるようになったこと。「自分が写った写真を見返しても落ち込むことがなくなった」といいます。それまでは自分の写真を見ては落ち込んでいました。今では好きな洋服を着て、買い物に行くのが楽しくなったそうです。

よく、水太りなどといって、水を飲むと、むくんで体重が増えると勘違いされている方がいらっしゃいますが、逆なんです。

きちんと水を飲めば、しっかりデトックスされて、健康的にやせ、肌もきれいになり、まさに、いいことずくめなのです。

習慣② たるみと戦う！「美肌お味噌汁」のすすめ

水と同様、体内に入れるものは美肌にとってとても大事。エラスチンを壊さない食事習慣を続けることが美肌の近道。そのためには「何がエラスチンを壊すのか」を知っておく必要があります。

エラスチンを壊す諸悪の根源、それが「活性酸素」です。

美容に関心がある人はもうご存じかもしれませんが、活性酸素は酸素が変質したもので、強い酸化作用があり、シミやシワなど肌老化の原因となる美容の大敵。

活性酸素を発生させ、肌老化を促進させるものといえば「紫外線」がありますが、紫外線についてはあとでお伝えすることにして、ここでは体の中から活性酸素を除去してくれる食事についてご説明しましょう。

活性酸素を除去する食事＝抗酸化力が高い食事、ということになります。

「わかったわかった、抗酸化力が高い食材を食べればいいのね」

そう思われるかもしれません。実際、「抗酸化力が高い食材」で検索すれば、ランキングになって簡単に出てきます。でも、これらの食材にも一長一短があります。

たとえばバナナはポリフェノールという抗酸化物質が豊富に含まれた、抗酸化力が高い果物の王様です。安価で手に入るのもメリットです。朝食にバナナを食べている人も多いです。

一方で、南国のフルーツのほとんどがそうであるように、〝体を冷やす〟というデメリットもあります。だから毎日食べ続けると、抗酸化力を上げる半面、体を冷やしてしまい、肌の新陳代謝を落として、血流も悪くなってしまいます。

手っ取り早く、抗酸化作用がある栄養素をとるメニュー

バナナに限らず、いくら美容にいいといっても、同じ食材を毎日のように食べ続けることは控えたほうがいいでしょう。抗酸化力の高い果物はプラスアルファとしてとるのをおすすめします。

抗酸化作用がある栄養素には、ビタミンC、E、ミネラル類などが挙げられます。でも、毎日これらの栄養素を意識して、いろいろな種類の食材をとるよりも、手っ取り早い方法があります。

それが、お味噌汁。「何を食べていいのか迷ったら、お味噌汁を飲んでください」とお伝えしています。

味噌にはシミそばかすを予防する遊離リノール酸や、腸内環境を良くする乳酸菌、そして原料の大豆には抗酸化作用があるビタミンE、大豆サポニン、大豆イソフラボ

ンが含まれ、美肌にぴったりの食材です。

2、3種類の野菜も栄養分を含んだゆで汁ごととることもできます。お味噌汁をぜひ、朝飲んでください。朝がダメなら夜でもいいです。

「忙しくて毎日お味噌汁をつくるのは無理！」という人におすすめなのが味噌玉です。食品用ラップに一人分の味噌、そこに乾燥わかめやかつおぶし、ごま、桜エビ、青のりなど、保存がきく具材を入れて丸めたのが「味噌玉」です。これを職場に持っていき、お湯で溶いたら即席味噌汁のできあがりです。

習慣③ 間違いだらけのエラスチンの原料・タンパク質のとり方

——実はとってるつもりでタンパク質不足！

美肌にはタンパク質。これは間違いありません。とくに女性は圧倒的にタンパク質不足なので、ぜひ積極的にとりましょう。なんといっても、エラスチンはタンパク質の一種なので、エラスチン産生の原料にもなってくれます。

たしかに食事でエラスチンそのものは増やせません。でも、その分、しっかりとエラスチンの原料はとっていくことが大事です。タンパク質をとらないと、やはり顔がシワっぽくなり、肌にハリがなくなってきます。


タンパク質の1日の摂取量は「体重＋10グラム」。体重が50キロの人なら、1日60グラム必要です。

目安としては肉や魚、卵や豆腐などの食材なら、毎食、手のひらに乗るくらいの量をとるとちょうど60グラムくらいとることができます。でも、この量をとるのはなかなか大変！

タンパク質は消化吸収が常に起こる体内では食いだめができないため、少しずつでもできるだけ毎食とるのがベストでしょう。

動物性タンパク質と植物性タンパク質のバランス

肉や魚などの動物性タンパク質は、納豆やお豆腐などの植物性タンパク質に比べて吸収率もいいのですが、肉ばかり食べていると、同時に脂質も増えていくので注意が必要です。タンパク質をすべて動物性のものからとろうとすると、腸内環境が悪化しやすく、便秘になったり血液がドロドロになったりするリスクもあります。できればお肉は毎日食べないほうが望ましいでしょう。

そうかといって、納豆でタンパク質を60グラムとるのは不可能に近いでしょう。納豆1パックで摂取できるタンパク質の量はたったの6～8グラムくらい。毎日納豆を10パックとるのは難しいですよね。

大切なのはバランス。植物性タンパク質を気持ち多めのバランスでとるのがおすすめ。動物性タンパク質なら、魚や脂肪分の少ない鶏肉でとるのがいいでしょう。

納豆と卵、味噌汁に豆腐を入れて焼き魚……。こう考えると、和食でいくなら旅館の朝ごはんがぴったりです。

洋食ならサラダに鶏のむね肉やゆで卵を加えましょう。タンパク質はかなり意識しないと、とることはできません。

ちなみにタンパク質はあらゆる食材に含まれています。ごはんやパン、麺類などの主食や野菜、きのこ類、果物にも含まれています。肉や魚、大豆製品が苦手な人でも少しずつこうした食材を取り入れてみるのもいいですね。

習慣④ エラスチンを壊す食べものを減らす

習慣②で、エラスチンを壊すものとして活性酸素を紹介しました。ここでは具体的にエラスチンを壊す食べものを挙げていきます。

エラスチンを吸収し、うまく使える体にするには、腸内環境を整えることが大切です。

エラスチンを壊す食べもの＝腸内環境を悪化させる食べものとして、ここでは紹介します。

腸内環境と美肌の関係

腸内環境が整っていないと、必要な栄養を吸収しづらくなります。いくらエラスチンにいいものをとっても、吸収されなければ無意味になってしまいます。

腸内環境と美肌は、深く関わっています。便秘になると肌荒れしたり、吹き出物ができたり口臭が出たりするのを、実感している人もいるのではないでしょうか。それは便で出すことができない老廃物を、デトックスしているからなのです。

腸の状態でどれだけ肌の状態が左右されることか！　水をたくさん飲んだり、お味噌汁として発酵食品をとったりするのをおすすめしているのは、腸のためでもあります。

腸内環境の観点から、あまりとってほしくない食品の代表は、乳製品と小麦類です。食べものであればダメ、これはダメとはあまり書きたくないのですが、ヨーグルトや牛乳などの乳製品は日本人に合わないことが多いのです。日本人の中に、これらに含まれる動物性乳酸菌の一部が分解できない人が一定の割合いることがわかっていて、かえって腸内環境を悪化させたり、アレルギーにつながったりすることがあります。腸のためにヨーグルトをとっていても、あまり効果を感じない人が一定数いるのは、こういうわけなのです。

やはり、日本人には昔からなじみが深い味噌汁やぬか漬けなどの植物性乳酸菌をとるほうが、腸内環境には合っているでしょう。

なんと、乳製品や小麦（パンなど）は、肌を乾燥させてしまうという研究データもあります。乳製品の中に含まれるラクトース（乳糖）に肌の乾燥を進めてしまうエビデンスがあります。

もちろん、乳製品や小麦をとったからといってすぐに肌が乾燥するわけではありませんが、とり過ぎは禁物。

毎日せっせとヨーグルトやパンをとると腸内環境を悪化させるばかりか、肌の乾燥につながり、シミやシワなど肌の老化は加速してしまいます。

食品添加物を避けるべき理由

次に避けてほしいのが食品添加物。添加物がよくないのは、なんとなくわかるかもしれませんが、その理由は肝臓で解毒、分解されるときに、肝臓にかなり負荷をかけてしまい、このときに酵素をたくさん使ってしまうのです。

基本的に添加物は、食べものと比べて分解に多くの時間がかかります。なおかつ、その分解も完全にはできず、体に蓄積してしまうといわれています。

酵素を大量に消費してしまうと、新陳代謝が悪くなったり、体に毒素がたまりやすくなったりします。

寝ている間に、肌を含む細胞の修復に使われるはずだった酵素のほとんどを、消化に使ってしまうことになります。そうなると、肌が修復されにくくなってしまうのです。

肌が修復されないとなると、エラスチンは増えないし、肌もターンオーバーできなくなります。これではきれいな肌をつくることは難しくなります。

添加物を完全に口にしないでいることは不可能ですが、できるだけ避けることで大切な酵素を温存し、細胞の修復のほうに回してあげましょう。

「糖化」を防ぐ

最後に、絶対に避けてほしいのが糖質の高いもの。糖質が高いものを食べて高血糖が続くと、「糖化」という反応を起こし、老化の引き金になるといわれています。

血液中の余分な糖が体内のタンパク質と結びつくと糖化反応が進み、ＡＧＥ（終末糖化産物）が発生します。ＡＧＥは老化物質ともいわれ、老化の原因になるだけでなく、病気の原因にもなります。

糖化は、肌の老化にも影響します。糖化が進みＡＧＥが発生して真皮に蓄積すると、コラーゲン、エラスチンも失われ、肌のシミ、シワ、たるみ、くすみなどにつながります。

糖質が高いものとは、甘いものだけではなく、白米やパン、麺類など主食となるものがその代表です。ここでもパンや小麦があまりよくないとお伝えする理由がおわかりいただけると思います。

●コーヒーは2杯まで――カフェインの害

習慣①で水を飲むことの大切さについて力説してしまいましたが、その真逆といえるのが、コーヒーなどカフェイン飲料を飲むことです。

カフェインのとりすぎは女性ホルモン分泌の妨げになるといわれており、エラスチンをつくる線維芽細胞にも影響を与えてしまいます。

コーヒー好きな方はたくさんいますし、私自身も大好きです。飲むと交感神経が刺激されて目が覚め、集中力がアップしたり、気持ちがホッとしたりするいい面もあります。

ただし、飲みすぎは肌にとってよくありません。

逆にいえば、飲みすぎなければＯＫです。飲むなら1日2杯までにしましょう。カフェインには利尿作用もあるため、コーヒーを飲むとトイレの回数が増えて体内の水分が奪われ、いくら水を1日1・5リットル飲んでも意味がなくなってしまいます。飲みすぎには注意してください。

習慣⑤ エラスチンが吸収されやすくなる成分をとる

腸内環境を整えることは栄養の吸収、ひいてはエラスチンの吸収にも大切だということは、先ほどお伝えしました。

エラスチンが吸収しやすくなる食べものは？　と聞かれたら、私は「まごわやさしい」と答えます。

当たり前すぎて面白くないかもしれません。でも、長年、美容と健康に向き合ってきて、行き着くところは、やはりここでした。
知っている人も多いかもしれませんが、

ま……まめ（豆類）
ご……ごま（アーモンド、ピーナッツも含む）
わ……わかめ（海藻類）
や……やさい（とくに緑黄色野菜）
さ……さかな
し……しいたけ（きのこ類）
い……いも類

和食の基本ですね。もっと驚くようなことをお伝えしたかったのですが（笑）、食事については、これに尽きるのです。

とくに豆類、ごま、海藻類、魚、きのこ類にはエラスチンを吸収するのに必要な栄養が豊富に含まれています。

エラスチンの吸収を助けてくれるのが、ビタミンB_2とナイアシン（ビタミンB_2）です。これらの栄養素はタンパク質の吸収を助けてくれます。エラスチンはタンパク質の一種ですから、取りこぼしのないようにしっかり吸収したいですよね。

ビタミンB_2とナイアシンを多く含む食材を多い順に並べると、次のようになります。

ビタミンB_2を多く含む食材

板のり
パセリ
青のり
わかめ
干ししいたけ
ひじき
アーモンド
うなぎ
かつおぶし
大豆

ナイアシンを多く含む食材

亜麻仁《あまに》油
まいたけ
かわはぎ
かつおぶし
落花生
干ししいたけ
煮干し
めざし
にしん
板のり
さば

「隠れ栄養不足」が肌の老化を早める

今、女性の栄養不足が問題になっているのをご存じでしょうか。栄養不足は大きく「貧血」「低血糖」「エネルギー産生不足」の3つの原因に分けられ、すべてつながっています。そして、この3つがあると、きれいな肌になることは難しくなります。ちょっと難しい説明になりますが、なぜこの3つがつながっていて美肌の大敵なのか、お伝えさせてください。

実は、多くの女性が貧血です。「健康診断で貧血と診断されていないから大丈夫」ではないのです。多くの女性は貧血と診断はされないものの、体内にストックされている鉄分が欠乏している、いわゆる〝隠れ貧血〟なのです。隠れ貧血になると血液は酸素を十分に供給できなくなります。

また、めまいや頭痛、だるさなどの症状が出やすくなります。そうすると体は副腎という器官からアドレナリンを分泌して、血流量を上げようとします。

ちなみにコーヒーを飲むとアドレナリンが分泌されるため、血流状態がよくなって、貧血の症状が一瞬やわらぐのです。だから、体も無意識にコーヒーを欲してしまうのかもしれませんね。

貧血状態では、副腎から無理やりアドレナリンを分泌することになり、副腎が疲れてしまいます（これが副腎疲労といわれているものです）。

副腎疲労が続くと体がもたなくなって、「もっと栄養分ちょうだい〜」と訴えます。このとき、コルチゾールというホルモンが分泌されます。このホルモンは血糖値を上げる作用があり、やせにくく太りやすい体になっていきます。

そうなると、「太っちゃった。ダイエットしよう」ってなりますよね。

ダイエットというと、一般的には手っ取り早くカロリー制限から始めると思います。カロリーが足りない体は低血糖状態に。こうして自分の体でエネルギーを産生できない体になっていきます。

もともとは、貧血をカバーするべく副腎が頑張りすぎてしまい、クタクタに疲労。

そこに加えてダイエットで低血糖になってしまった……。このことからも、貧血と低血糖はセットで起こりやすいといわれています。

ちなみに小腹がすいたときにお菓子ばかり食べている人も、血糖値が上がったあとに低血糖になりやすいので要注意です。

長い説明になってしまいましたが、ここからが大事なんです！

低血糖になると、血中の糖分だけでは足りなくなります。では、どこから栄養分をとるか。それが、筋肉や皮膚の真皮です。筋肉や真皮を溶かして栄養分にしようとするのです。真皮には、コラーゲンやエラスチンが存在しています。

つまり、直接的にエラスチンも減り、筋肉はふにゃふにゃになるし、肌はシワシワになってしまうのです！　これは脅かしているわけではなく、本当なんですよ。

低血糖になるとビタミンBを消耗してしまうので、低血糖予防にはビタミンB群が有効です。貧血予防には、鉄分と亜鉛を含む食材を積極的にとりましょう（参考　ホルモン免疫栄養学　https://hins.jp/）。

鉄を多く含む食材

バジル
青のり
岩のり
いわし煮干し
ごま
切り干し大根
大豆
きな粉
板のり
高野豆腐
ひじき
わかめ（乾燥）

ビタミンB1を多く含む食材

亜麻仁油
青のり
落花生
大豆
うなぎ
板のり
かつおぶし
干ししいたけ
ごま
ひじき
アーモンド

亜鉛を多く含む食材

牡蠣《かき》
いわし煮干し
ごま
高野豆腐
桜えび
アーモンド
板のり
きな粉
青のり
干しいたけ
切り干し大根

生活習慣編

習慣① 紫外線カット――スマホがあなたの肌をたるませる

紫外線はエラスチンを壊す活性酸素を大量に発生させる、肌の大敵。もちろん、そんなことはみなさんご存じですよね。

日焼け止め対策、どんなことをしていますか?

「しっかり日焼け止めクリームを塗っているから大丈夫」という人にこそ、知っておいてほしいことがあります。

私たち人間は、時間とともに老化していくことは避けられません。残念ながら自然老化には、絶対に逆らうことはできません。とくに肌を老化させてしまう大きな原因が「光老化」です。

光老化とは、紫外線などの太陽光を長時間浴び続けることによる老化のことで、シミ、シワ、たるみの原因になります。

この「光老化」対策をなんとかしなければ、美肌をキープすることは難しくなります。

紫外線にはA波（UV-A）とB波（UV-B）があることは知っていますよね。日焼けで肌が赤く炎症するのはB波のほうです。一方のA波は皮膚の深くにある真皮にまで到達します。

そう、真皮はエラスチンやコラーゲンがあるところ。だからエラスチンを壊してしまう危険が高いのです。

A波は、窓ガラスや雲も通り抜けてしまうので、曇っている日でも雨の日でも日焼け止め対策は必要。もちろんB波のほうもあわせて、シミ、シワ、たるみの原因になるので、いずれにしても紫外線には注意が必要です。

日焼け止めを顔にだけ塗っていませんか

日焼け止めクリームを肌が露出しているところに塗るのは、基本中の基本。なのに、シミやシワができてしまうのはなぜでしょう？

日焼け止めクリームをしっかり塗っているのに、私たちの肌は老化します。それは、防ぎきれていないということなのです。

紫外線はいろいろなところから侵入します。みなさん、顔には日焼け止めクリームを塗るんです。

でも、首や耳の裏まで丁寧に塗っていますか。手の甲や、夏ならサンダルを履いた足からむき出しになっている足の甲はどうでしょう？

「顔のシミやシワを防ぎたいから、顔に日焼け止めクリームを塗る」

もちろん、それは大切です。でも、それだけだと不十分なのです。

シミやくすみをもたらすメラニン色素は、紫外線に対して体を守ろうとして発生するもの。極端にいえば、足の甲に当たった紫外線によって、遠く離れた顔にシミができてしまうこともあるのです。

紫外線は目からも入ります。私は目が弱くてまぶしいこともあって、基本的に外出時には日焼け止めクリームだけでなく、帽子やサングラスを使います。とても怪しい人みたいになるので、子どもには私と一緒に外出するのが恥ずかしいと言われますが、そんなことは言っていられません（笑）。

きめ細かにしっかり塗るのが理想ですが、忙しいし、やっぱり面倒くさいもの。そんな人はスプレータイプの日焼け止めを使うといいでしょう。

何より続けないことには意味がないもの。面倒くさいなりに続けられるものを選ぶのがいちばんです。

一方で、「骨を丈夫にするビタミンDの生成のためにも、適度に紫外線を浴びることは大事」ともいわれています。でも、どんなに防いでも紫外線は防ぎきれないものなので、あえて紫外線を浴びようとしなくても大丈夫。それ以上に、紫外線を浴びるデメリットのほうが大きいと思います。

また、日差しが強い日中に日焼けをするのはわかるけど、夕日なら日焼けしないと思っている方も多いようです。

実は**夕日にも注意が必要です。**

夕日に多く含まれる赤外線の熱によって生じる血管内皮増殖因子（ＶＥＧＦ－Ａ）は、シミや赤み、シワなど肌の悩みとの関与が示唆されていることから、過剰な増加は肌へ悪影響を及ぼすと考えられます。

また、肌トラブルの原因となる過酸化脂質が増加することも明らかになっています。

夕日がきれいな時間帯でも、しっかり日焼け止め対策をしましょう。

寝る前のスマホも要注意

ブルーライトは目によくないとか、寝る前にブルーライトを見ると睡眠に影響があるとか……ブルーライトの害については、聞いたことがあるのではないでしょうか。

でも、それだけではありません。ブルーライトは肌にも影響があるのです。

お風呂から出たあとのすっぴんの状態でスマホ。寝る前にベッドの中でもスマホ。

これが、エラスチンを壊します。

ブルーライトは可視光線（目に見える光）といわれる太陽光のひとつ。可視光線も真皮まで届きます。つまり、スマホを長時間見ていると、スマホ焼けしてしまうのです。

しかも、夜寝る前はすっぴん。化粧水や保湿クリームはつけていても、日焼け止めクリームを塗って寝る人はいません。

そんな無防備な状態でスマホを見ているなんて、とても怖いですよね。ちなみにパソコンよりもスマホのほうがブルーライトが強いです。寝る前に、「美容系のＹｏｕＴｕｂｅ」を熱心に見ているその行動が、実は肌には悪かったなんて……！

ブルーライトカットのフィルムを貼るのもいいですが、１００％防ぐことはできません。

質のいい睡眠のためにも、美肌のためにも、寝る前のスマホはほどほどにしましょう。

浴びちゃった紫外線をなかったことに

そうは言っても、紫外線を浴びちゃった、日焼けしちゃったということもあるでしょう。

それでも大丈夫！　浴びてしまった紫外線を排出できて、なおかつ帳消しにしてくれるものをとりましょう。

紫外線によって増えた活性酸素は、早めにサヨナラするのです。

水をたっぷり飲むこと。ビタミンC、E、ミネラル類などの抗酸化力が強い栄養素をとること（次ページの表「抗酸化力の強い7色の野菜とは」参照）、先に紹介したお味噌汁もおすすめです。

紫外線を浴びすぎたと思ったら、少なくとも1カ月はそんな食生活を心がけてくださいね。

抗酸化力の強い7色の野菜とは

色	主な野菜	代表的な成分	主な効果・効能
赤	トマト 金時にんじん	リコピン	抗酸化作用 動脈硬化予防
	パプリカ とうがらし	カプサイシン	抗酸化作用 動脈硬化予防
橙	かぼちゃ にんじん	プロビタミンA	抗酸化作用
黄	たまねぎ レモン	フラボノイド	抗酸化作用 高血圧予防
	とうもろこし	ルテイン	抗酸化作用
緑	ほうれんそう ブロッコリー	クロロフィル	抗酸化作用 コレステロール調整
紫	なす 赤しそ	アントシアニン	抗酸化作用 視機能改善
黒	ごぼう じゃがいも	クロロゲン酸	血圧調整 血糖調整
	緑茶	カテキン	抗酸化作用 コレステロール調整
白	だいこん キャベツ	イソチオシアネート	抗酸化作用 ピロリ菌対策
	ねぎ にんにく	硫化アリル	抗酸化作用 抗菌効果

出典：公益社団法人　日本栄養士会「野菜の7色に含まれる機能性成分」より作成

習慣② 毎朝、鏡を見て笑顔になる

――強力な活性酸素を出すストレス対策

これは、私が毎朝やっている習慣です。

活性酸素は美肌の大敵といいましたが、精神的なストレスは強力な活性酸素を発生させます。この強力さは、紫外線などと比較にならないほど。〝ストレスが人を老けさせる〟は本当です。

40代、50代になってくると、人生が平穏無事で何事もなかったなんて人はいないはず。今ここに生きているということは、それらを乗り越えてきている証拠です。

ストレスの渦中にいるときは気がつかないものですが、実は大変なことが起きているときって、表情は乏しくなるし、肌はくすんでいます。人からは「この人、老けたな」と思われているかもしれません。

私は仕事柄、たくさんの人の顔を見てきましたが、その人が今、いい状態かどうかは、肌ツヤに出ます。それは肌のお手入れ以前の問題です。

いい状態の人は、ツヤツヤ、ピカピカしています。逆に、ちょっと大変なんやな、と思う人は、必ずくすんでいます。

どんなにメイクをしても、ごまかせないものなのです。プロにメイクをしてもらっても、せいぜいごまかせるのは2時間まででしょう。だから、素人のメイクでごまかせるわけがないのです。

ツヤがあり、きめの細かい肌の肌細胞には、しっかり水分が蓄えられています。それがキメが整ったハリ、ツヤのあるきれいな肌なのです。過度なストレスがあると、肌細胞は水分を蓄えることができず、きれいな肌はつくれません。

化粧品を売っておきながら、化粧品ではどうにもならないストレスの話をしてしまいましたが、自分の内面の状態は本当に肌に出るんだということを実感しているからこそ、お伝えしました。

自分の精神状態は、見た目にも影響するのはもちろん、エラスチンを壊すもと。なるべくストレスを軽減させるようにしたいものですね。

◎嘘の笑顔なら一人でできる

「気を明るくもって」「ストレスを上手に発散して」なんて言われても、できないときはできない。そんなときは、頑張らなくてもできることだけやりましょう！

「幸せホルモン」と呼ばれるセロトニンというホルモンの名前を聞いたことはありますか。精神的なストレスや疲労で、活性酸素が発生しているときはセロトニンの分泌が低下しています。逆にセロトニンの分泌を促すことで、活性酸素のダメージを軽減することができます。

セロトニンを分泌させる方法はいろいろなところで紹介されていますが、以下のようなものがあります。

- 朝日を浴びる
- ウォーキングやジョギングをする

●深呼吸をする
●よく噛んで食べる

そして、笑うこともセロトニンを分泌させる方法なんです。私がおすすめしている方法はまさに、これ。

「楽しくもないのに笑えない」という人もいるかもしれませんが、楽しくなくてもいいし、嘘の笑顔でいいのです。口角が上がり、「笑っている」ことを感知すると、「この人は幸せなんだな」と脳が勘違いしてくれて、勝手にセロトニンを分泌してくれます。

私は毎朝、メイクのあとに鏡に向かって自分の顔を見て、ニコッと笑います。

形から入ることが大事。だから、朝から呪文のように、

「今日も最高の一日だなぁ」と口にしてしまいましょう。そうすると、もっと脳が勘違いしてくれます。

ちょっと恥ずかしいのですが、鏡を見て、

「今日もきれいだね♪」

と言ってみましょう。

私の場合、「きれいだね」はなかなか自分では言えないのですが、「いい感じやね♪」「なかなかいいんやない？　上出来、上出来」とよく言っています（笑）。

知り合いの女性は、年齢とともに自分の顔を見るのが嫌になり、写真を撮らなくなったと言っていました。でも、それでは自分がかわいそうじゃないですか。自分で自分にダメ出しをしないでください。自分をほめる気になれなくても、鏡を見て笑顔になることで、

「これで、エラスチンが節約できた（エラスチンを壊さないで済んだ）」

と思えばいいのです。

これで本当に肌が変わりますよ。毎日のことなので、とっても大事。実践している私が言うのですから本当です。

習慣③「たった5分のお風呂」で血流アップ＋老廃物や有害物質を出す

入浴は血流に直結します。体を温めることで血流がよくなるのは明らかです。水分をとることで、内側から血液を体のすみずみまで流しやすくしていくと同時に、入浴などで外側から温めて流すことも大事です。そうしてエラスチンを体のすみずみまで届けましょう。

日本は湯船につかる文化。ぜひ、湯船につかって温まりましょう。

忙しい人はシャワーで済ませる人も多いのですが、「365日シャワーのみ」の人がきれいな肌でいることは正直、厳しいです。それくらいお風呂は大事です。1日たった5分でもいいから、湯船でリラックスすること。体を温め、汗をかくことで老廃物や有害物質が排出されやすくなります。

そのときにおすすめなのが粗塩《あらじお》を入れること。普通にスーパーで売っている『伯方《はかた》の塩』などでOKです。

ただし、成分のほとんどが塩化ナトリウムの精製塩はNG。自然塩、天然塩のものを選びましょう。

入れる量は、手でつかめるくらいの量で十分です。**塩を入れると体も温まりやすくなります。**

実は、こんなことを言っている私も長風呂は苦手で、早くお風呂から出たい派です。だから塩を入れて、さっと湯船に入って、鼻の頭にうっすら汗をかいたらパッと出てしまいます(笑)。

適度な運動が必要なわけ

同じ汗をかくという意味では、〝適度な〟運動も大事。〝過度な〟運動は、酸素をたくさん取り込むことになるので、体を酸化させてしまいます。活性酸素を大量を発生させてしまうのです。

誤解のないようにいうと、過度な運動といっても、ジョギングやジムに行くこと、通常、スポーツを楽しむ程度なら問題ありません。

一方でフルマラソンなど、過酷な状況に体を追い込んでしまうと、エラスチンは早く失われてしまう傾向に。言い換えれば、ハードすぎる運動は老けのもとともいえるのです。

私がお伝えしているのは、あくまでも適度な運動。適度な運動で筋肉をつけることで、エネルギーを産生したり、血流をアップさせることにつながります。

運動でリンパの流れがよくなれば、流れがよくなった分、肌に必要な栄養も届きやすくなります。

習慣④「肌のゴールデンタイム」は寝る

しっかり寝ることも、肌にとっては重要です。

「肌のゴールデンタイム」とよく言われますが、夜10時から深夜2時までは睡眠をとってほしいもの。その時間帯は成長ホルモンが出るといわれていて代謝もアップして、疲れもとってくれます。もちろん、肌の修復もしてくれます。

ゴールデンタイムにしっかり睡眠をとると、血糖も安定するといわれています。食べものを食べると、血糖値は上がりますよね。でも、寝ている時間は何も食べていません。

空腹の時間が長ければ、糖分が不足して血糖値は下がってしまうのではないかと思うものですが、成長ホルモンの働きによって、安定しているのです。だから、成長ホルモンが分泌されやすい時間帯に睡眠をとることがとても重要なのです。

血糖値の安定が美肌にも関わってくるのもおわかりいただけると思います。

「寝る前の食事」が血糖値に悪影響

ところが今、寝ている間の血糖値が乱れている人が多いのです。

現代人は忙しく、食事の時間が乱れ、夕飯の時間が遅くなりがちです。寝る2時間前までには食事を済ませてほしいのですが、寝る直前に食べてしまうと、血糖値は上昇。そして、寝ている間に逆に血糖値が下がり、低血糖の状態に。

それだけではありません。消化に時間がかかるため、その分、消化酵素が使われてしまいます。早めに夕飯をとれば、就寝する前に「消化」作業を終わらせることができます。

睡眠時間をしっかりとって空腹な時間をつくることで、酵素は代謝に使われ、細胞を修復させることができるので、肌にとってもいいのです。

とはいえ私も含め、仕事や子育てに忙しい年代は、夜10時に寝るなんて、とても無理。小学生でも夜10時までに寝る子は少なくなっているそうです。

だから、せめて深夜0時までには寝ましょう！　そうすればゴールデンタイムの半分、2時間は美肌のために使えます。

夜中の2時をすぎてから就寝すると、極端に成長ホルモンの分泌が減ることがわかっています。途端に体はダメージを受け、きれいな肌もキープできなくなってしまいます。

まとめ　3カ月後の肌が変わっていることを目指す

エラスチンを壊さない習慣をたくさんご紹介しました。

たくさんありすぎて、嫌になってしまった人もいるかもしれません（笑）。

でも、この本を読んで終わりにしてほしくありません。知識だけ入れても、お肌に結果は出ないのです。

本当に肌をきれいにしたい人に向けて、お伝えしたいことを書きましたが、一度に全部やる必要はありません。結果を出したいなら、いつまでに何をどうするか、順番を決めてやりましょう。

1～3週間ごとに「エラスチン習慣」を1個ずつ増やしていくのがおすすめ。3週間続くと習慣化していきます。ひとつ習慣にするたびに、肌が変わっていくのを実感できるはずです。水を飲む、味噌汁を飲む、紫外線を予防する、寝る前にスマホを見ない……できることからやってみてください。

「触ると肌がモチッとしてきた」
「肌の色が明るくなった」
「まわりから、〝きれいになった〟と言われた」などなど。

ターンオーバーの期間は、年齢＋10と言われています。40代以降の〝エラスチン世代〟は、どんなに早くても、肌が変わるのに2カ月はかかります。

3カ月後の肌が変わるのを目指して、少しずつやっていきましょうね。

Part ③

エラスチン世代が「やってはいけないスキンケア」

「スキンケア商品」で美肌はつくれる!?

化粧品開発メーカーだからこそ知っていることを正直にお伝えします

エラスチンは年齢とともに減っていき、40歳になると、ほぼゼロに近くなるとお伝えしました。でも化粧品によってはエラスチンを増やせる成分があります。

具体的にどんな成分があるのか。それはこの章の最後でお伝えするとして、ここで申し上げたいのは、「その成分が、どれくらい含まれているか」のほうがずっと大事だということです。

化粧品のパッケージを見ると、どうしても期待してしまう「○○成分配合」の文字。たしかにその成分は配合されていますが、どれくらい入っているか、使う側にはわかりません。

先ほどもふれましたが、「コラーゲン配合」とされているスキンケア商品をいくら皮膚につけても、コラーゲンは増えません。コラーゲンは分子が大きい成分なので、皮膚からは吸収されないのです。

ちょっとショックなお話かもしれませんが、大前提として、一般のスキンケア商品で、肌の改善を目的としたものは、基本的にはないと私は思っています。

私の会社はエステサロン専売品といって、いわゆる「カウンセリング商品」というものを開発、販売しています。その開発途上でわかったのが、**一般化粧品で肌の改善までもっていくのはかなり難しい**ということでした。

たとえば「保湿」でいえば、保湿機能があって、肌を悪くさせないことまでは可能ですが、肌質を改善したり、肌の悩みをクリアにしたりすることは難しいのです。

なぜなら、メーカーとしていちばん大事なのは、使っている人に肌トラブルを起こさせないことだからです。

一般の化粧品はどんな方が使われるのかわかりません。肌が弱い人が使うかもしれません。誰が使っても大丈夫なようにつくる必要があります。

だから、すごく薄めます。スキンケアの成分は、ほんのわずかでも効果が発揮できる半面、リスクもあります。だからこそ、非常に濃度を薄くしてあるのです。


化粧品は原価が安いものです。○○エキスや○○成分配合などと謳《うた》えば、いろいろな機能があるかのように見えます。極端なことをいえば、〝腐らない水〟のようなものを高単価で売ることもできるのです。

誤解を恐れずにいえば、化粧品は、効果があるから売れるのではありません。やはり広告費をかけて多くの人に知ってもらい、信頼され、イメージ戦略によって「きれいになりそうな気がする」から購入される面があります（もちろん、それが悪いことだとは思いません）。

本当に効果があるものをお客様に届けようと思ったら、当然、原価はどんどん上がります。ある成分を、本当に効果が出るくらいの量だけ入れようと思ったら、とてもじゃないけれど一般の方に販売できる価格ではなくなります。そのため、そもそも化粧品というものは、〝安くていいもの〟は非常につくりにくい、いえ、つくれないのです。

「こうなりたい」という理想がはっきりとある方は、一般向けのスキンケア商品では限界があります。それが、一般向けのスキンケア商品と美容の専門家のカウンセリングを受けて購入できるサロン専売品との違いです。

たとえば私たちは歯が痛ければ歯医者に行きますし、髪の毛で悩んでいたら、美容室に行って相談します。もちろん、自分で痛み止めの薬を買ったり、自分で髪の毛を整えたりすることもできますが、できないなら医師や美容師などのプロに相談しますよね。

それと同様に、本当に困ったときは専門家に相談するということが、肌改善においてはとても大事なことだと思います。

これは、特定の化粧品の宣伝をしたいわけでも、悪い化粧品の告発をしたいわけでもなく、事実なのです。

成分表示の落とし穴

スキンケア商品の成分表を見ると、配合されている量が多い順に書かれていることは、みなさんご存じだと思います。

そして配合されている割合が1％以下の場合は、メーカーの判断で好きな順番に記載できるようになっています。

たしかにスキンケア商品の成分は、1％以下でも十分に効果を発揮できるものもあります。ただ、買う側にはそれはわかりません。

表示の上のほうにぶわーっと美容成分が並んでいると、なんだかすごく効果がありそうに見えます。でも、実質「入ってますよ」程度の量であることも少なくありません。たとえれば、大きなプールに1滴入れただけでも「入ってます」と言えますし、表示もできるのです。

何がいいたいかというと、まずはちゃんと使ってみて、自分の肌で確かめることが大事だということです。

美容成分＝肌にいいものと信じ込みすぎないこと。あなたの肌に合うかどうかは、あなたにしかわからないからです。

やってはいけないスキンケア① ダブル洗顔で肌を傷める

洗いすぎがエラスチンを奪う

帰宅したらクレンジングでしっかりメイクを落とし、そのあとで洗顔。いわゆるダブル洗顔をしている人が多いかもしれません。

油分を含むメイク汚れはクレンジングをしないと落とせないし、その後、皮脂汚れは洗顔料でないと落とせないと信じている方もたくさんいます。

ダブル洗顔が間違っているわけではないのですが、エラスチンが減ってくる世代にとって、これは明らかにやりすぎ。**20代の頃と同じやり方でダブル洗顔をしていたら、皮脂取りすぎ注意！　なのです。**

洗いすぎはエラスチンを奪うだけでなく、肌細胞から水分を奪うことにつながり、よけいに肌を乾燥させてしまいます。

もちろん、メイクは絶対に落とさないといけないのですが、洗顔後に肌がつっぱっていたり、乾燥していたりしたら、やりすぎのサインと心得ましょう。

ダブル洗顔はしなくていい!?

そもそも、本当に自分の肌にダブル洗顔が必要か、まず知ることが大切です。

ダブル洗顔が必要な人は、舞台メイクばかりによほどしっかりとメイクをしている人でない限り、実はそれほどいません。

クレンジングと洗顔を分けるのは、日本などアジア独特の文化なので、自分の肌を見て判断するのがいちばん。

ちなみに欧米などではクレンジングのみで、洗顔をしない人も多いです。メイクを落として終わり、です。そもそも、メイクが濃い人があまりいないというのもありますし、日本に比べて乾燥していることもあるでしょう。

しっかり泡立てて洗顔、というのは日本を含め、アジアの方に多いと思います。

メイクが薄く、パウダーファンデーションを使っているような人なら、洗顔料だけで落ちます。それどころか、リキッドファンデーションでも、実は石鹸だけで十分落ちるんです。

ちなみに私はクレンジングのみで、ダブル洗顔はしません。クレンジングが洗顔を兼ねています。

汚れが落ちているかどうか、自分でわかるからです。

一度、クレンジングだけにして、洗顔をやめてみてください。それで肌がきれいになったら、あなたの肌はクレンジングだけで十分だということ。

ただ、ダブル洗顔をずっとしない状態だと、人によっては鼻まわりなど、皮脂が分泌しやすい部分の毛穴がつまったり、触るとザラついたりすることがあります。そんなときは、そこだけもう一度クレンジングしましょう。もちろん、毎日ではなく、気になるときだけでOKです。

大切なのはクレンジングをしたあとに、肌が乾燥しない商品を選ぶこと。

自分のメイクの度合いと、洗顔やクレンジングをしたあとの肌の乾燥度合いを見ながら、自分に合うやり方をさがしましょう。

正しいクレンジングのやり方

では、どのようにすればいいのでしょうか。

本当に大事なのはクレンジングです。

実は、エラスチンを壊している大部分が、クレンジングのやり方、もしくは洗顔のしかたにあります。

クレンジングは、当たり前ですがメイクが落ちていることが最も重要。逆にいえば、メイクが落ちていれば合格なんです。ところが、多くの人が洗浄力が強すぎて、よけいに肌を乾燥させてしまうものを使っています。

洗浄力が強いかどうかを見極める目安は、クレンジングの5分後に乾燥してつっぱっているかどうか。

また、メイクがちゃんと落ちているかどうかのチェック法は、白いやわらかいタオル（もしくは白いコットン）でクレンジング後に優しく顔を押さえてみること。タオルにファンデーションなどの汚れがついていなければOKです。

クレンジングは、化粧品の油分を乳化させて落とすもので、一般的にクリーム、ジェル、オイルがあります。

いちばん摩擦が少なく、適度に洗浄力があり、エラスチンを壊さないクレンジングができるのは、ジェル、次にクリームです。この2つは肌に負荷がかかりにくいでしょう。

オイルクレンジングをしている人もいると思いますが、あまりおすすめはできません。たしかにオイルクレンジングはきれいに落ちます。オイルなので、クレンジング後も肌はしっとりしているため、乾燥をしているようには見えません。でも、そこに落とし穴があります。

オイルはクレンジングとしてはいちばん強く、しかも、よく落ちた気がしてしまうので、**十分ゆすぎができていない人**が多いのです。

それに加えて、そのオイルのベタつきを落とそうと洗顔して、**肌に必要な油分まで落として、よけいに乾燥させてしまう**のです。

クレンジングの量はケチらず、使用量を守ることも大切です。それは、肌への負担を減らすため。**量が少なすぎると肌への摩擦が強くなります。**

肌の上をやさしくすべらすように、しっかりなじませて使いましょう。なじませる＝肌の上でメイクを乳化させるということです。汚れが十分に浮いて、やさしく絡めとるような感覚です。

次にしっかりゆすぐこと。**ゆすぎには、最低でも20回はかかると思ってください。**聞けば、10回ならまだいいほうで、オイルクレンジングをされている方の中には、5、6回程度という人も！

10回程度では、クレンジングの成分が肌に残っていることがほとんどです。目には見えませんが、**汚れを含んだクレンジング成分が残っていると酸化してしまい、これがくすみや肌荒れ、シミ、シワ、毛穴汚れの一因になります。**

シャワーを顔に当てないで

洗ったあとは、やさしく水分をふきとります。タオルでゴシゴシなんて、もちろんNG。

できるだけ、ふわふわのタオルをやさしく顔に当てて、水分を吸い取るようにしましょう。何度も洗ってクタクタ&ゴワゴワになったタオルは使わないようにしてください。

そしてもうひとつ、シャワーを顔に当てないようにしましょう。

洗顔料やシャンプーのCMで、モデルさんがシャワーを頭の上から顔に当てていたりしますが、これはエラスチンを自ら壊しにいっているといっても過言ではありません！　絶対にやめたほうがいいです。

とくに温度高めのシャワーを顔に当てていたら、大変。肌の乾燥を加速させてしまいます。お風呂の湯船くらいの温度で洗っている人も同じです。

顔を洗うときは25～30℃くらいのぬるま湯程度。ぬるま湯といっても、体にかけたら、ひやっとするくらいの温度です。これがいちばん肌の刺激になりません。とくに敏感肌の方は、25℃くらいを心がけましょう。

毛穴問題、実はクレンジングのしすぎ

小鼻のまわりにぶつぶつ。年齢とともに大きくなり、下に流れる毛穴。毛穴は皮脂が詰まっている場所だと思い込み、必死で洗顔やクレンジングをしている人はいませ

んか。

毛穴がおもしろいほどゴソッと取れる動画を見て、ついポチッと購入ボタンを押してしまいそうなあなたにこそ、知っておいてほしいことがあります。

毛穴パックは絶対にやってはいけません。毛穴をよけいに広げるだけです。

毛穴が詰まっているその正体は角栓《かくせん》。角栓は皮脂腺に皮脂が過剰に分泌されることでできるものです。角栓は悪と思われるかもしれませんが、皮脂そのものは肌を保護するために必要なもの。

毛穴詰まりが起こる原因のひとつは、保湿不足が挙げられます。保湿をされていないと、油分を出すために肌はどんどん毛穴を大きくして、油分で肌を守ろうとします。

ではなぜ、保湿が足りていないのか。その原因のひとつは、クレンジングや洗顔のやりすぎのせいなのです。

油分が出る↓毛穴に対して強い洗浄（クレンジング）をする↓肌が乾燥してもっともっと油分が出る、この負のスパイラルに陥ってしまいます。

クレンジングで肌の汚れを落とすことはとても大切です。ただし、過剰なクレンジングはNG。クレンジングで汚れは落とすけれど、皮脂はとりすぎず、その後しっかり保湿をすることが大事です。

40代以降で毛穴が目立つ人は、まずクレンジングを変えてください。毛穴が目立っているということは、クレンジングが肌に合っていない可能性が高いです。洗顔のやり方を変えるより、クレンジング自体を変えましょう。

毛穴が目立つ人におすすめなのは、ジェルタイプのクレンジング。ジェルタイプで汚れを浮かしてから絡めとるイメージです。泡タイプのものでは弱すぎます。

毛穴汚れは、1回ではとれません。ゴシゴシこすらずに、やさしく毎日洗い続けることで徐々にきれいになっていきます。

やってはいけないスキンケア② 保湿の落とし穴

ベタベタ保湿は乾燥を招く

「スキンケアは、やっぱり保湿」

「年齢を重ねれば重ねるほど、保湿が大事」

たしかにそうかもしれません。頬にふれるとしっとり吸い付くような肌。潤っている感じがしますよね。

でも、ちょっと待ってください。その保湿、ただベタベタしているだけではありませんか？

保湿剤の役割のひとつに、水分が逃げないように肌にフタをすることがあります。

ただ、エラスチンが減っている世代にとって、これは表裏一体。保湿剤を塗ることで、肌に「もう皮脂を出さなくていいや」と思わせてしまうことになります。肌がきれいになることをサボり始めてしまうのです。

思春期の肌のように、皮脂が過剰に分泌されてテカテカしたり、オイリー肌でニキビに悩まされたり、皮脂には悪いイメージがつきもの。

でも、本来、皮脂そのものは決して悪いものではありません。それどころか、40代以降は、皮脂は乾燥を防いでくれる貴重な油分。適切な皮脂量が分泌されている肌こそ、しっとりとした美肌になります。

それなのに、ベタベタ保湿をしてしまうと、皮脂を出せない肌になり、ますます乾燥が進んでしまいます。本当にツヤとハリのある肌はつくれなくなってしまうのです。

とくに「エイジングケア」を謳っているスキンケア商品の中には、とろとろ、ベタベタしたものが多く見受けられます。このような商品を選んでいる限り、肌がきれいになるのは難しいでしょう。

肌断食って、いいの？

肌が自ら皮脂を分泌できるように、とお伝えすると、

「肌を甘やかしたくないから、肌断食《はだだんじき》をしています」

という方に出会います。

肌断食は肌にいいかと聞かれたら、半分正解です。肌断食をして外から保湿をされなくなれば、自分で皮脂を出そうとする面もあるからです。

ただ、肌断食は1カ月も2カ月も続けるものではありません。ベタベタ保湿しすぎると、肌は皮脂の分泌をサボってしまうけれど、逆にまったく保湿をすることなく、たとえば化粧水だけつけるようなケアをすると、水分はどんどん蒸発して水分を保持することもできなくなります。

肌断食は、たまに実践するのがいいでしょう。それも長期間ではなく、せいぜい3週間程度が目安です。そのなかで皮脂が適度に分泌され、乾燥を感じなくなれば、肌

に合っているということになります。大切なのは、自分の肌をよく見ること。触ったときにカサカサせず、潤っているかどうか。

もともとひどい乾燥肌の人がいきなり肌断食をしてしまうと、肌はガビガビ。よけいに乾燥を引き起こすことになります。

それを耐えて乗り越えれば、やがて皮脂が出てくるかもしれませんが、そんな状態でしばらく過ごすのは嫌ですよね。今度は皮脂が過剰分泌してギトギトしてくる可能性もあります。

食べものの断食は胃腸を休ませるために行います。それと同じで、肌断食もたまに肌を休ませるために行うものです。

スキンケア商品を変えてみる

肌断食と意味合いは違いますが、肌をサボらせないという意味では、たまにスキンケア商品を変えてみるというのもひとつの方法です。

10年、20年と同じスキンケア商品を使っている人は、変えてみることで肌が活性化することもあります。

日本は四季がある国です。湿度変化もあれば、寒暖差もあります。暑くなれば薄着になり、寒くなれば服を着込むのと同じように、季節によってスキンケア商品を変えてみる手もあります。

自分が納得するものであれば、使ってみたいスキンケア商品を試しにどんどん使ってみる、年齢に応じてガラッと変えてみるのもあり、ですよ。

正しい保湿のしかた

私たちの肌を植物にたとえて考えてみてください。

カラカラに乾燥した植木鉢に、いきなり栄養剤を入れても、植物は元気になりません。まずはしっかり水を与えて、その上で栄養を与えるというのは、植物も肌も同じです。

ですから、まず化粧水でしっかり水を与えることが大切です。

化粧水でしっかり保水ができていると、手のひらを頬に当てたとき、頬が吸い付いて、手のひらのほうに少し持っていかれるような状態になります。

しっかり水を入れ込んだことがわかってから、次のケアに移りましょう。

よくあるのが、化粧水で顔が濡れている状態のまま、次のケアに移ること。忙しいからついやってしまいがちですが、肌の上で化粧水と保湿剤を混ぜるようなことは水分の浸透を油分が妨げてしまうので、避けてくださいね。

その上で保湿クリームなどで保湿します。

「化粧水のあとに保湿でフタをする」というのは正解で、水で潤った状態の肌に美容成分など必要なものを入れてから、肌から蒸発しないようにフタをするのが保湿の役割です。毛穴は下向きにできているので、基本、下から上に塗布しましょう。

大人の肌では、夜スキンケアをして朝、顔に触ると手のひらに吸い付くような感じがあれば、保湿は合格。朝起きると肌が乾燥していたら、保湿が足りていないと判断しましょう。

忙しい女性に人気のオールインワンについて質問されることも多いです。

たしかに何もケアしないよりは、オールインワンでケアするほうがずっといいでしょう。ただ、オールインワンは油分も兼ねているので、十分に保湿できないものが多くなります。

角質層にしっかり水分を届けられているかというと、疑問が残ります。水分を含むとはいえ、保湿成分がかなり入っているので、水分が不足しがちになるのです。

オールインワンを使うなら、まず化粧水をつけてからオールインワンを塗布しましょう。でも、そうなると、オールインワンである意味がなくなってしまいますが……。

化粧水にとろみは、いらない

化粧水には「さっぱりタイプ」「しっとりタイプ」などとタイプ別に分けられてい

るものもあります。

年齢を重ねると「しっとりタイプ」を選びがちですが、しっとりタイプによく見られるのが、とろみのある化粧水。

あのとろみは、フタをする成分です。たしかに肌が乾燥しているとき、とろみがある化粧水をつけると潤った感じがします。

でも、とろみがある化粧水は水分の浸透をとろみが妨げてしまいます。保湿の基本は、まず化粧水で水分を入れてから、美容液などで栄養を入れて、保湿などでフタをする、でしたね。

そもそも、化粧水にとろみは、いらないのです。とろみは、肌を保護してしまう成分なので、とろみが入っていない化粧水のほうが水分は入りやすいです。

やってはいけないスキンケア③
エラスチンを壊さない化粧品の塗り方

その塗り方がシワやたるみをつくる

せっかく化粧水や美容液、保湿クリームを正しく使っても、塗り方を間違えてしまうとエラスチンを壊してしまうことに！

肌に摩擦は厳禁です。どんなにいいスキンケア商品や化粧品でも、その塗り方がシワやたるみをつくるのです！

摩擦はダメと言っても、その度合いはわかりにくいものです。

まず、すべてのスキンケアにおいて、**赤ちゃんの肌にしないことはやってはいけません。**赤ちゃんにクリームを塗るとき、ゴシゴシ塗らないですよね。やさしく、そーっとふれるように塗るでしょう。同時にきちんと肌の上で伸ばしているはずです。クリームをのせるだけではダメなのです。

塗り方のポイントは「肌が動かない」こと。

女性には少ないと思いますが、手のひら全部を使って塗ると、もう盛大に肌が動いてしまいますよね。

力を入れすぎないコツは、第1関節だけを使う、人差し指だけを使う、中指と薬指だけを使うなど、いろいろな方法があります。

どの辺まで力を入れると肌が動くか、鏡を見て試してみましょう。肌が動かないギリギリくらいの力加減で塗るのがポイントです。

クレンジングやクリームを塗布するときは基本、5点置きがおすすめです。おでこ、鼻、右頬、左頬、あごの5点にちょんちょんと置いて、まんべんなく伸ばしていきます。

クレンジングをするときに、1回、手のひらでなじませてから塗布するやり方もありますが、手のひら全体を使うことになるのでおすすめしません。

肌を動かさないという意味では、コットンで塗布する場合も同様です。

日本人は化粧水信仰が強いといわれています。みんな化粧水大好きですよね。化粧水をつけるときって、潤った実感があるし、〝やってる感〟もあります。私たちはどうしても〝与えるほう〟にばかり意識が向きがちですが、本当は〝傷めることをやめる〟ほうがよほど肌はきれいになります。

クレンジングを見直す、ダブル洗顔を見直す、そして肌を動かす（摩擦）ことを見直す――。それだけで、結果を出してくれるのです。

ファンデーションの塗り方の鉄則

ファンデーションの塗り方にもいろいろあります。各メーカーおすすめの塗り方もありますが、基本は手で塗るやり方と、スポンジで塗るやり方があります。

最近では、クッションファンデといって、リキッドファンデーションをスポンジに染み込ませた形状のものや、筆で塗るタイプもあります。

どんなファンデーションでも、塗り方の鉄則はひとつ。

「肌が大きく動かないこと」＝なるべく摩擦を減らすことです。

肌が動くような塗り方では、エラスチンが壊れ、シワ、たるみの原因になります。トントントンとやさしく押さえるように塗って、肌が上下左右に動かなければ正解。

なお、スポンジや筆は雑菌が増えやすいので、きれいなものを使いましょう。

手で塗布する場合は、下から上へ。パンパンとたたくのは、エラスチンを壊すのでダメ。皮膚の熱を使って入れ込むのがポイントです。

美顔ローラーの逆効果になる使い方

お肌の上でコロコロ転がすだけで、たるみが引き上がる。手軽だし、テレビを見ながらできるし、毎日の習慣にしたら小顔にもなるし、きっときれいになれそう。

はい、みんな大好き美顔ローラーの話です。

美顔ローラーでお肌に過度な刺激を与えると、エラスチンは壊れます。

すべての美顔ローラーがダメなわけではないのですが、気をつけたいのは使い方。刺激が強ければ強いほど、効いている気がしてしまうのが悲しいところ。しかも使っているうちに、つい力が入ってゴリゴリ転がしていませんか。実際、メーカー推奨の2倍くらいの力でゴリゴリしている人が多いのです。

過度な刺激は、肌をたるませるだけ。摩擦でエラスチンは破壊され、よけいにたるんでしまいます。

使うなら、本当にやさしく、すべらせる程度にしましょう。

力加減の目安は、「皮膚が動いていないこと」。また、なるべく摩擦を起こさないように、そして乾燥した状態では使わないようにしましょう。

やってはいけないスキンケア④ エイジング化粧品の落とし穴

高い化粧品がいいものとは限らない

どんなものでもそうですが、とくに化粧品は、高額であれば、それだけ効果があるような気がするものです。

実際、50万円のクリームもあります。どれだけすごいの？　と思われるかもしれませんが、種明かしをすると、容器が高価なのです。そう、ほとんどが容器代なのです。

化粧品をつくる側の私だからこそお伝えしますが、化粧品で原価が2万円を超えるものをつくるのは、極めて難しいといえます。

安いものには安いなりの理由がありますが、逆に高ければいいというわけでもないのです。もちろん、高価な化粧品を使って、ワクワクしながら使って肌もきれいになる、ということもあります。でも、「高い化粧品だから効果があるに違いない」と、化粧品選びの基準を値段だけに置かないでくださいね。

無添加化粧品＝安全とは限らない

これも化粧品あるあるです。無添加化粧品というと、肌にやさしく安全な化粧品だと思われがちです。でも、無添加化粧品とは、〝指定されている成分が添加されていない〟というだけです。

つまり、特定の成分を添加していないというだけで、添加物が何も入っていないということではありません。無添加化粧品＝安全でいいものとは限らないのです。

化粧品を選ぶときは、無添加かどうかよりも、肌に必要な成分がちゃんと入っているか、あるいは肌に悪いものが入っていないかどうかを見てください。

たとえば、「パラベンフリー」と書いてある化粧品には、パラベンは入っていません。

パラベンは防腐剤の一種で、悪者のように思っている人がいます。

たしかに欧州で使用に制限を設けられている種類のパラベンもあるのですが、化粧品に多く使われるメチルパラベンやエチルパラベンは長年にわたって世界中で使用されてきて、各国で安全性も証明されています。

パラベンの防腐力は抜群で、しかも安全性が高いので食品など口に入れるものに使われています。さらに0・0Xパーセントなど、ほんのちょっとしか入れなくても効果を発揮することができます。

一方でパラベンを使わずにナチュラルなものだけでつくろうとすると、たとえば化粧品中で最も多い比率を占めるのが天然の防腐剤という商品ができあがることも……。

パラベンがほんの少し入った有用成分が比較的多い商品と、安心安全だけど有用成分よりも天然防腐剤のほうが多い商品と、どちらがいいかは使われる方の判断によるでしょう。

ここでお伝えしたいのは、見るべきポイントは「無添加」や「値段」ではないよ、ということです。

肌に悪い成分が入ったものは当然使うべきではありませんが、**今の年齢の、今の自分の肌が求めているものを選ぶことが大事です。**「無添加」「高級」などの文言に惑わされることのないようにしましょう。

正直いって、20代だったら、どんな商品を使ってもきれいだからいいんです（笑）。でも、悲しいかな、40代以降には必要な栄養分も出てきますし、肌を傷めないものを選ぶ必要も出てきます。

それが〝エラスチンほぼなしの世代〟の、美肌のためのポイントです。

知っておきたい美容成分表示の見方

スキンケア商品の成分表が、配合されている量が多い順に書かれていることはお伝えしました。

ここでは美容成分についてお話をします。ただし、この成分が配合されているものを使えば、即お悩み解決、というわけではないことはご理解ください。

あなたがどんな肌になりたいのか。その目的を知り、選ぶ際の判断材料にしていただければと思います。

シワ改善3つの成分

厚生労働省がシワ改善ができる成分として承認しているものが3つあります。

それがレチノール、ナイアシンアミド、ニールワンです。それぞれ紹介しましょう。

●レチノール

レチノールは化学的に合成されたビタミンAです。レチノール配合の商品も多く、一般に入手しやすいでしょう。

レチノールの作用は、ターンオーバーを促しながら真皮にあるヒアルロン酸の産生をしっかり促して、真皮のコラーゲンの密度を高めることによってシワを改善するものです。

クリニックで処方されるものになると、かなり高濃度のレチノールを使用して、急速に改善につながりますが、高濃度であればあるほど、肌荒れや赤みなどのレチノール反応が出ることがあります。したがって、高濃度のレチノールの場合は、必ず医師などの専門家とよく相談して取り入れる必要があります。

商品として一般に入手できるレチノールは、メーカーが推奨している使用量や使用頻度を守れば、このようなことはまずありません。

ただ、使用後に紫外線に当たると肌荒れや炎症を起こしやすいため、夜のみの使用になるなど、使用に制限があるものがほとんどです。

● **ナイアシンアミド**

美白や肌荒れ、シワ改善の効果が認められている、最近注目の成分です。

メラニンの生成を抑え、さらに真皮のコラーゲン、エラスチンなどの産生を促進して、シワ改善に導くことができます。

抗酸化作用も強いため、エラスチンを壊してしまう活性酸素のひとつである過酸化脂質の発生も防いでくれます。

また、ナイアシンアミドは、きのこ類や、たらこ、かつおぶしなど、食べものから摂取することができます。

●ニールワン

化粧品メーカーのＰＯＬＡが開発したもので、ＰＯＬＡの特定の化粧品にしか使われていません。ただ、ここでご紹介する理由は、実際に厚生労働省に認可されたのはすごいことだからです。２０１６年、日本で初めて医薬部外品の抗シワ有効成分に承認されました。

ニールワンは４つのアミノ酸誘導体から構成された成分です。タンパク質分解酵素である好中球エラスターゼの働きによって、エラスチンやコラーゲンを壊してしまう酵素の働きを抑えることができます。

実際にこの商品を使い続けているPOLAの男性の研究員の方がいます。片方のほうれい線にのみニールワンが配合された商品を塗り続けて、もう片方のほうれい線には塗らないでいたところ、明らかに左右のほうれい線に差ができていました。

最近注目の2成分

●プラセンタ

プラセンタエキスは赤ちゃんを育む胎盤から抽出される成分で、アミノ酸、ビタミン類、ミネラルをはじめ、肌の細胞を活発にする成長因子などを豊富に含んでいるといわれています。

プラセンタにはいくつか種類があり、ヒト由来（医療機関でのみ取り扱い可能）、豚由来、馬由来があります。また、これらのような動物性プラセンタと似た働きをするといわれている海洋性プラセンタや植物性プラセンタもあります。

プラセンタにはシミの原因といわれるメラニンの生成を抑え排出を促す美白効果や、

肌荒れ防止効果、保湿効果などが研究で確認されています。

また細胞を元気にする「成長因子」がたくさん含まれているといわれています。

エラスチンやコラーゲンをつくりだすヒト線維芽細胞への働きかけが期待できるため、エラスチンを増やすことに一役買ってくれるでしょう。

● **エラスチン**

エラスチンの中でも高純度エラスチンといわれるものは、美白と保湿、そして真皮にある線維芽細胞、つまりエラスチンがコラーゲンを使うところを活性化するエビデンスのあるものです。

本来、エラスチンは分子が大きく、エラスチン配合の商品を肌につけたからといって、真皮に浸透するものではありませんが、高純度エラスチンは、真皮にある線維芽細胞を活性化することができます。

エラスチン配合の化粧品は今までもありましたが、抽出の際に残留物が多く残ってしまうため、そのエラスチンの純度の低さが課題でした。

高純度エラスチンは純度が高く、アミノ酸含有量も優れています。手前味噌ですが、私たちが開発した高純度エラスチンは、世界で初めてエラスチンの単独抽出に成功したものです（特許取得）。

エラスチンは、豚由来のものを使用しています。豚由来のエラスチンは、ヒトのエラスチンとアミノ酸の組成成分がほぼ一致するため、相性が抜群。

まだ高純度エラスチンを使った商品は少ないですが、高純度エラスチンが配合された商品の使用で、加齢とともに減少するエラスチンを補うことができます。

じゃあ、どうやって選んだらいいの？

有用成分もわかった、やってはいけない選び方もわかった。でも実際、スキンケア商品を選ぶとき、あれこれ出てきて迷ってしまう。ネットで調べると「おすすめ10選」などと出てきて、何を信じたらいいのかわからない。結局、どうやって選んだらいいの？

こんなふうに思われるかもしれません。

残念ながら、どんなクリニックがいい、どんな専門家がいいと、ここで言うことはできません。なぜなら、肌は人によって違うからです。Aさんに合うものが、Bさんに合うとは限りません。

ひとつ言えることは、「このクリニックに行きたい」、あるいは「この人から商品を買いたい」と思ったら、その人の肌を見ることとです。

ちゃんとご自身で実践して、あなたがなりたいような肌である人に相談する、そのような人から商品を購入する。その人の肌は、ひとつの信頼材料になるのではないでしょうか。

たとえば、美白やシミに効果があるとされているハイドロキノンは、市販のクリーム商品がたくさん出ています。シミの改善に効果があるトラネキサム酸配合のお薬(サプリメント)も、ドラッグストアなどで購入できます。

ただ市販のものに比べてクリニックで処方されるもののほうが濃度が高いです。一定のパーセンテージを超える濃度のものは、医療機関でしか処方されません。

ですから、本気でシミをなんとかしたい場合は、正しい知識をもち、服用（使用）期間も含めて相談できる医師に相談したほうがいいでしょう。そのためにも、信頼できる方を見つけることが大切です。

Part ④

エラスチンとの出会いで人生が変わった人たち

ここまで、スキンケアや生活習慣で肌が変わるお話をしてきました。

ここからは、本書の主人公・エラスチンのお話をさせてください。名付けて本章は〝エラスチン推しの章〟となります（笑）。

私のエラスチンとの出会いや、なぜ、こんなに素晴らしいのに、今ひとつ知られていないのか、お伝えしますね。

Case ① 私とエラスチンの出会い――エラスチンの神様に導かれて

プロローグでも少しふれましたが、私がエラスチンと出会ったのは、偶然のこと。家計を支えるためにパートとして入った会社が、たまたまエラスチンを扱っていたことからです。

私自身も「エラスチン？　何それ？」という状態からスタートし、当時はネットで検索してもエラスチンの商品はありませんでした。

そして、エラスチンのサプリメントと美容液を商品化することになり、営業職だった私は認知度の低いエラスチンをどうやって知ってもらえばいいのかわからず、正直「売りにくいなぁ」と思っていたのです。

ところが、自分で実際に使ってみると、それまで肌をほめられたこともなかったのに、「肌がきれい」「顔が小さい」とほめられるようになりました。

「シミもシワもあるのに、なんでほめられるんだろう?」と思っていましたが、その理由は「キメとハリ、ツヤが出てきたから」だとわかりました。

シミがあってもシワがあっても、キメとハリ、ツヤがあれば肌はきれいに見えるし、これこそが美しい肌の条件なんだ、と確信しました。そして、それはエラスチンで叶うんだ、と。

さらに一般向けの販売から、より美容に関心の高い方がいらっしゃるエステサロン向けに販売を変えたところ、リピーターが続出したのです。「(絶対に必要だから)避難袋にエラスチンを入れます!」と言ってくださる人まで出てくるほど。

ところが、紆余曲折《うよきょくせつ》があり、当時、私がいた会社でエラスチンをつくり続けることができなくなってしまいました。

これだけ結果が出て、全国に喜んでくれる人がいる。でも、つくり続けることができなくなってしまう。ならば、自分でつくって販売しよう。何よりも、まだあまり知られていないエラスチンが広がった世界と、まだ見ぬお客様の笑顔が見たい——。こうして2019年に会社を設立したのです。

エラスチンとの出会いが、本当に私の人生を変えてしまいました。

外面の変化は内面を変える

会社を設立し、自信をもってさらに広めていこうと営業をしたものの、最初はやはり「何ですか、それ?」という反応ばかり。でも、体感していただくと、みなさん自分に自信がもてるようになり、明るく笑顔になっていきます。

顔って、体全体から見れば、とても狭い場所です。でも、この狭い場所の悩みがたったひとつ解消するだけで、性格まで変わってしまいます。外側が変わっただけなのに、人間の内面にものすごく影響を与えるんだということを強く実感しました。

肌の表面がきれいになった――たったこれだけの外側の変化が、こんなにも人生に影響を与えるのだとわかると、ますます多くの人に知ってもらいたくなりました。

私自身も顔だけでない変化がありました。

赤ちゃんの頃のやけどによって、左足の指がないことはお伝えました。素足を見せるのが嫌でしたし、それまでは少し歩くと皮が剥けて血が出るので、常に絆創膏《ばんそうこう》と薬が欠かせませんでしたが、エラスチンによって皮膚も丈夫になり、ケロイドも目立ちにくくなりました。顔と違って目立ちにくい場所ですが、それでも自信になり、スカートをはいて颯爽《さっそう》と歩けるようになりました。

重度のアトピーの方から、肌に自信がなかった人まで、人生が変わり、行動的になった方もたくさんいらっしゃいます。

美容面だけではありません。私はひどい冷え性でした。でも、エラスチンによって血管がしなやかになり、血流アップにつながるので、冷え性が改善しました。冬はあったか肌着を2枚重ねにカイロを貼り、タイツの上に靴下を履き、〝一人スキー場状態〟のように着込んでいたのが、今では薄着でも大丈夫。平熱も上がりました。

血流がアップすると、何より元気で活動的になります。疲れ知らずで全国を飛び回れるのも、エラスチンのおかげです。

こんなふうにエラスチン推しが続くと、嘘くさいと思われるかもしれません。だから、私は自分を実験台にしています。

商品リニューアルなど節目のタイミングで、エラスチンのサプリメントを2カ月とらない実験を自分で実施しているのです（笑）。そうすると、1カ月を過ぎた頃には疲れやすくなるし、顔が広がって落ちてくる感じになります。いきなり朝起きたらたるんでシワクチャ、などということはさすがにありませんが、「エラスチン、足りてないな」ということは実感できます。

エラスチンのある人生と、ない人生があるとしたら、私はエラスチンがある人生でよかったと心から思えます。

エラスチンは美容面だけでなく、健康にも必要です。もっともわかりやすいのが化粧品だったので、私は化粧品をつくっているだけ。おそらくエラスチンの神様がいて、「もっと広めてくれ」と託されている気がしています。だから、私は人生をかけてエラスチンを広めていきたいと思っているのです。

私の話はここまでにして、ここからは、エラスチンで見た目も内面も変わった例をいくつか紹介しましょう。

※ここに掲載しているのは、高純度エラスチンをサプリメントとして摂取した人、高純度エラスチンが配合されたスキンケア商品を使った人の体験談です。

Case ② バストアップ

エラスチンのすごいところは、顔だけでなく、体全体に変化をもたらしてくれるところ。顕著なのはバストアップです。

Part①でもふれたとおり、バストを支えるクーパー靭帯の80％はエラスチンで構成されています。

バストアップで人生が変わった女性がいます。

もともと建築士をされていたその女性は、とてもスリムな方だったので、バストが小さいことが長年コンプレックスだったとおっしゃっていました。

とくに出産後はデコルテがそげ落ち、よけいにやせて貧相に見えてしまうことを深刻に悩んでいらっしゃいました。

バストに悩みのない人からすれば、なんでここまで悩むのか、わからないかもしれません。

「いいじゃない、もうバストなんて」

「結婚もしてパートナーもいるんだし」

などと言われることもありました。でも、違うのです。バストの悩みはある意味、顔の悩みよりもコンプレックスが強く、深刻になる人が多いと私は思います。

彼女はバストサロンに通い、そしてスリムだけれど、これまで経験したことのなかったバストのふくらみができ、自信を取り戻したのです。

もちろん、豊胸手術のようなわかりやすい効果があるわけではありませんが、これまで着ることのなかったバストのラインが目立つ服も着られるようになり、女性らしさを実感できるようになりました。

彼女がすごいのは、ここからです。

なんと建築士を辞めて、「自分と同じような悩みをもつ女性を笑顔にしたい」と、バスト専門のサロンをオープンしてしまったのです。

そして、さらにバストアップの結果を出すために、調べに調べてエラスチンにたどり着いたのです。エラスチン配合のクリームを使った施術は評判を呼び、今では人気店になっています。

今でも彼女にたびたび会いますが、「自分のコンプレックスに向き合って、一歩踏み出したことでエラスチンに出会い、人生が変わった」と、いつも言ってくださいます。

私は子ども2人を完全母乳で育てました。当時は今よりも5キロほどやせていて、もともとバストも大きいほうではないので、デコルテの上がげっそりしていました。でも、エラスチン習慣を始めてからは、デコルテの上はふっくら。ペラーッとしたバストから、弾力がついて女性らしいラインになり、いい感じに脂肪がついてきて、ブラジャーのサイズが2～3サイズもアップしたのです。

バストアップというと、「誰かに見せるため」と思われる人もいるかもしれませんが、バストアップは誰かのためとか、モテたいとか、恋愛をしたいためではないんです。子どもを育てて、母乳をあげて、とても幸せを感じていたけれど、垂れてハリをなくしていくバストを見ながら、「あぁ、こうして女性ではなくなっていくんだな」と思ったことも事実です。

でも、バストにハリが戻ることで、少しだけ自信が出て、自己肯定感が上がるのを私も実感しました。

ピタッとしたタイトな服だと、ボリュームのない胸が目立ってしまって着られなかったのに、女性らしい着こなしができるようになり、隠す服よりも、自分を素敵に見せる服を手にとれるようになりました。

Case ③ 更年期に感じがちな症状が改善!

子宮の90％はエラスチンで構成されているため、エラスチンをとると子宮機能にもいい影響があります。

妊活にいい影響があった人、更年期に感じがちな症状が改善した人など、多くの声をいただいています。

また私の話で恐縮ですが、もともと生理周期が長いほうで、40日以上ありました。

それでも子どもを2人授かっていたので、自分はそういう体質だと思っていたのです。

でも、生理期間中は生理痛も重く、経血量も多くてつらいのが当たり前でした。

ところが、エラスチンをとりはじめてからは、生理周期が少しずつ短くなり、今ではピタッと28日周期になりました。

会社の25歳の女性スタッフにも変化がありました。彼女はＰＭＳ（月経前症候群）が重く、生理前はうつのような状態になってしまったようで、体も冷えて、生理になるとレバーのような出血があり、１週間は仕事もできない状態。病院で鎮痛薬を処方してもらうほどでした。

エラスチンをとるようになってから、その症状がかなり軽くなったそうです。完全になくなったわけではありませんが、薬を飲まなくても過ごせていることを聞いたときはうれしかったです。

ひとくちに「子宮」といっても、更年期症状から生理不順、ＰＭＳ、不妊まで、幅広い症状の緩和につながっているのです。

Case ④ 血管年齢が下がった

87歳のある会長職の男性は、今も現役で元気に働いていらっしゃいます。

毎年、健康診断で血管年齢をチェックするそうですが、先日、

「血管年齢が70歳と言われて驚いた。理由はエラスチンをとっていること以外に考えられない」

とおっしゃっていました。

年齢が80代だろうと90代だろうと、血管の材料となるエラスチンを補えば、何歳からでも変化があるのだと実感した出来事でした。

Case ⑤ 膝の痛みがなくなった

フルマラソンが趣味の男性経営者の方は、50歳を過ぎた頃から膝の痛みに悩まされるようになりました。

「30㎞を過ぎたあたりで膝が痛み、どうにも動けなくなり、完走ができなくなった」とおっしゃっていましたが、エラスチンをとるようになってから、半年ほどで膝が痛まなくなったそうです。

また、膝の痛みに悩んでいた、お茶の先生もいらっしゃいます。70歳を過ぎて、正座をするのがつらくなり、自分だけ椅子に座って指導されていましたが、エラスチンをとってから正座がつらくなくなり、生徒さんもとても驚いていたそうです。

膝には十字靭帯という大きな靭帯があります。ここも80％がエラスチンで構成されています。膝の痛みにも、エラスチンがいい影響を与えているのでしょう。

Case ⑥ 髪がうねらなくなった、爪が割れにくくなった

そのほか、髪質が変わり、髪にコシが出たり、爪の縦筋がなくなったりした例などもあります。

年齢を重ねると髪がうねるようになったり、癖が出てくるようになったりすることがあります。ところが、「エラスチンをとりはじめて以降、ストレートな髪が生えてくるようになった」という声も聞かれました。

髪や爪にエラスチンが直接働きかけたわけではありませんが、血流アップにつながることや、エラスチン自体がタンパク質のひとつであることが影響していると考えられます。

血流がよくなれば、髪や爪などの体の末端まで栄養分やホルモンが行き渡りやすくなるのです。面白いところでは、まつ毛が長く、濃くなったという声もあります。

とくに髪の毛は、美容師さんに指摘されることが多いようです。「髪質がよくなりましたけど、何かされました？」と聞かれるというのです。

年齢とともに髪がうねるのは、お伝えしたように、血管を通して栄養分が届きにくくなるから。

美容師さんに聞いた話で、年をとると、顔の毛穴が縦に伸びてたるんできますが、これは、頭皮の毛穴も同じだそうです。

さらに年をとると、髪のボリュームも減り、ペタンコになりますね。髪にハリとコシが出て、髪が立ち上がるようになるためには、頭皮の毛穴がキュッと閉じていなければならないそうです。

血流がよくなって頭皮にまで栄養が届くようになると、毛穴も引き締まり、髪も元気になってきます。

薄毛に悩んでいる女性に、産毛《うぶげ》がたくさん生えてきた例もありました。

Case 7 デリケートゾーンの老化改善

年齢を重ねると、デリケートゾーンも老化します。

デリケートゾーンの変化は、女性ホルモンが低下することがいちばんの理由と考えられていますが、膣《ちつ》内のヒアルロン酸を自分でつくれなくなり、乾燥や保湿力が低下することによって、膣に潤いが減ってきます。膣壁が萎縮したり硬くなったりして、出血もしやすくなります。

このようなことから性交痛に悩む方が増えてきます。

膣も皮膚のひとつなので、エラスチンで構成されています。割合は明らかにはなっていませんが、皮膚と同じと考えると、エラスチンの割合は10％程度でしょう。

最近はフェムケアが注目され、デリケートゾーンを保湿している人も増えています。外から補うことでももちろん、性交痛がやわらぐでしょう。

一方、エラスチンをとることは体の中から保湿をするようなもの。60代の女性で、エラスチンをとって性交痛の悩みから救われた方もいらっしゃいました。

また、血流がアップするという意味での効果だと思いますが、男性機能が改善したという報告もあります。

※効果実感には個人差があり、すべての方に同様の効果を保証するものではありません。

Case ⑧ その他、肺、認知症

肺組織にエラスチンは約20％含まれています。加齢とともに、肺のエラスチンは減少していきます。エラスチンの減少で、肺の伸縮性が消失すると、肺はやや膨張することになり、肺機能の低下につながるといわれています。

たとえば、慢性閉塞性肺疾患（ＣＯＰＤ）は、肺胞を構成するエラスチンが破壊され、酸素と二酸化炭素の交換がうまくできなくなる病気です。エラスチンをとることで、こうした病気への効果が医学界で期待されているようです。

また、これはまったくエビデンスがあるものではありませんが、脳の血流が悪くなることで起こるといわれている血管性認知症にも、エラスチンが一役買ってくれるかもしれません。

脳の血流が滞ることで起こるといわれている疾患へのアプローチが将来的に期待されているほか、現在もさまざまな分野で研究が続けられています。エラスチンは美容から健康まで多くの可能性を秘めています。

たくさんの事例を紹介してきました。地味で目立たない存在のエラスチンに少しでもスポットライトが当たってくれたら、という思いからお伝えさせていただきました。

私が望んでいるのは、多くの方の人生が光り輝くこと。みなさんの人生が、たるまない、ツヤとハリで輝くものでありますように。

○あとがき○

この度は本書を手に取っていただきありがとうございます。

「たるみ改善」「肌弾力」というキーワードにピンときて購入された方は、エラスチンのことを知り、どのように思われましたか？

私がエラスチンと出会って10年。

出会った頃は30代前半だった私も、40代半ばに差しかかり、10年分の年齢を重ねましたが、「今のほうが若いね」と多くの方から言われます。

体内でエラスチンが果たす役割は言うまでもなく大きいのですが、外面の変化によって起きた私の内面の変化、それによって起きた人生の変化は、想像以上でした。

10年前までは子育てに奮闘する一主婦だった私が、10年後には会社をつくり、本を出して皆さんに読んでいただけるとは、私自身を含め誰が想像できたでしょうか。

「たるみを改善して、肌弾力を手に入れる」

今、皆様の前には、すごいチャンスがやってきていると私は思うのです。

肌が変わると、内面、そして人生までが大きく変わると、多くのお客様の事例をみて確信しているからです。

「エラスチン」があなたの人生に、一層の輝きを添えるものになれば、これほど嬉しいことはありません。


今回、たくさんの方のお力を借りて、エラスチンのことを書籍という形で世に出すことができました。

「エラスチン」という、これまであまり注目されてこなかったものに光を当ててくださった飯田伸一さん。「面白い！」と言ってくださり、形にしてくださった青春出版社の野島純子さんと樋口由夏さん。

いつも言い出したら聞かず、猪突猛進で突き進む私を支えてくれるアクトランドのスタッフ、そして家族に、心からの感謝をこめて。

2024年4月　中澤日香里

著者・監修者紹介

中澤日香里　1981年石川県生まれ。2003年立命館大学卒業。美容だけでなく健康寿命の延伸にもつながる高純度エラスチン（九州工業大学特許）に惚れ込み、エラスチンを日本中、世界中に広めるべく2019年に株式会社ACTLAND設立。高純度エラスチンを使用した化粧品・健康食品を製造販売している。
ホームページ https://actland.co.jp/

中島由美　日本内科学会認定医。抗加齢医学会専門医。産業医。金沢医科大学医学部卒業。金沢医科大学病院ほか、日本各地の病院で内科、皮膚科を担当。美容クリニック院長を経て、現在、Crystal 医科歯科 Clinic International 内科院長。内科、美容皮膚科、アレルギー科、女性外来、アンチエイジング外来など、一人ひとりの患者に寄り添ったトータルな医療ケアをおこなっている。
ホームページ https://cdc-intl.com/

たるみ改善《かいぜん》！
「肌弾力《はだだんりょく》」を手《て》に入《い》れる本《ほん》

2024年5月30日　第1刷

著　者　中《なか》澤《ざわ》日《ひ》香《か》里《り》
監修者　中《なか》島《じま》由《ゆ》美《み》
発行者　小澤源太郎

責任編集　株式会社プライム涌光
電話　編集部　03(3203)2850

発行所　株式会社青春出版社
東京都新宿区若松町12番1号〒162-0056
振替番号　00190-7-98602
電話　営業部　03(3207)1916

印刷　大日本印刷　　製本　ナショナル製本

万一、落丁、乱丁がありました節は、お取りかえします。

ISBN978-4-413-23358-3 C0077

七十二候を楽しむ野草図鑑
季節の移ろいの中で心穏やかに暮らす
大海　淳

子育ての不安が消える魔法のことば
NHKラジオ「みんなの子育て☆深夜便」
村上里和［編］

図説　ここが知りたかった！
日蓮と法華経
永田美穂［監修］

愛犬が最後にくれた「ありがとう」
11の感動実話が伝える本当の幸せ
小島雅道

なんだか毎日うまくいく100のヒント
植西　聰

青春出版社の四六判シリーズ

「ふわっと速読」で英語脳が目覚める！
最も効率がいい英語習得法
Max二宮

心に刺さる、印象に強く残る
超・引用力
伝えたいことを最も効率的に伝える
上野陽子

一年に一度しか会えない
日本の「来訪神」図鑑
フランそあ根子　中牧弘允［監修］

人生の見え方が大きく変わる「対《つい》」の法則
逆境を生き抜く「バランスマインド」とは
木下晴弘

仕事の語彙力　たった500語で、人とお金が集まってくる
ことば探究舎［編］

お願い　ページわりの関係からここでは一部の既刊本しか掲載してありません。
折り込みの出版案内もご参考にご覧ください。